Heide Simonis

Alles Märchen!

Insider packen aus

Cartoons von Steffen Butz

Heide Simonis

Alles Märchen!

Insider packen aus

Cartoons von

Steffen Butz

LVH

Bibliografische Information Der Deutschen Nationalbibliothek

Die Deutsche Nationalbibliothek verzeichnet diese Publikation
in der Deutschen Nationalbibliografie; detaillierte bibliografische Daten
sind im Internet über http://www.d-nb.de abrufbar.

www.lvh.de

Cartoons: Steffen Butz, Karlsruhe.
Gesamtgestaltung: Sybille Felchow, she-mediengestaltung, Hannover
Druck und Bindung: CPI – Clausen und Bosse, Leck

ISBN 978-3-7859-1126-6

Printed in Germany

INHALTSVERZEICHNIS

Zur Einstimmung

Noch ein Buch mit Grimms Märchen

Noch ein Buch mit Grimms Märchen? Haben wir denn nicht genug davon? Was hat denn Heide Simonis wieder gebissen? Ja, die Frage wäre berechtigt, wenn man davon ausgehen dürfte, dass Politik gar nichts mit Märchen zu tun hat. Aber da erhebe ich Einspruch. Machen Sie am Samstag früh in einer belebten Einkaufsstraße Ihrer Stadt die Probe aufs Exempel und fragen Sie Ihre Mit-Passanten, ob nicht doch zwischen Märchen und Politik ein Zusammenhang besteht. Ich wette mit Ihnen, dass jeder zu diesem Thema etwas zu sagen hat: Politiker erzählen das Blaue vom Himmel herunter, sind faul, verlogen, am Eigennutz orientiert, aufgeblasen wie ein Ochsenmaulfrosch. Das kränkt zwar, aber so sind die Gefühlslagen.

Die Frage nach dem Zusammenhang von Politik und Märchen lässt sich auch in umgekehrter Form beantworten: In Märchen finden sich viele Wendungen, die auch im politischen Leben vorkommen. Da geht es um Bündnisse und die Sicherung von Macht und Einfluss, um die Rolle der Frau und die Armutsfrage, nicht zuletzt auch um Eitelkeiten und die Frage, wer am lautesten kräht.

Je länger ich mich mit Märchen befasst habe, desto mehr Möglichkeiten entdeckte ich, wie die Handlung anders hätte verlaufen können, wenn die Ereignisse aus der Perspektive der vermeintlich

Bösen geschildert würden. Auch das ist langer politischer Erfahrung geschuldet: Nach einem anderen Ansatzpunkt zu schauen, ausgetretene Pfade zu verlassen, um Probleme zu lösen, wenn alles verfahren scheint. Das sind dann meine Märchen!

Man kann ja mit Fug und Recht sagen, dass die – aus den Grimmschen Märchen als Kater bekannte – Katze bei den Bremer Stadtmusikanten eine Nervensäge ist, aber Recht hat sie, wenn sie Stellung gegen die Ungerechtigkeiten bezieht, denen Frauen sich immer noch stärker ausgesetzt sehen als Männer. Die Frauen kommen in den Originalmärchen selten gut weg. Wenn sie nicht schön und anspruchslos sind, wüten sie als garstige Stiefmütter, Hexen oder raffgierige Weiber. Doch könnte es nicht sein, dass des Fischers Ilsebill eigentlich über einen ausgeprägten Gemeinsinn verfügt und erst einmal die blinde Konsumlust ihres Mannes in die richtigen Bahnen lenken musste? Und welchen Einfluss Frauen auf die Geschicke eines Königreichs haben können, wenn sie sich zusammentun und ihre Ziele mit vereinten Kräften verfolgen, habe ich beim Aschenputtel durchgespielt.

Wieso sich also über fiktive Märchen und nicht über die schaurige Realität aufregen? Doch Fiktion hin oder her: Biestig sind die meisten Märchen schon. Da wird gemordet, betrogen, gelogen und gestohlen, was mit dem allgemeinen Rechtsempfinden nicht vereinbar ist. Stiefkinder werden ausgenutzt, was heutzutage als Kinderarbeit bezeichnet wird und zu Recht verboten ist. Fersen und Zehen werden auf die vermeintlich richtige Größe gehackt, damit der Prinz das Kind zur Gemahlin nehmen kann. Immer sind einige weit besser dran als andere. Das wird zwar auch im Märchen als ungerecht benannt, aber nicht als leicht veränderbar eingestuft.

Auch hier gilt: Das ist gar nicht weit weg von dem, was wir alle tagtäglich in den Medien verfolgen, vorzugsweise im Fernsehen. Es geht zwar nicht um Fersen und Zehen, aber da wird Fett abgesaugt und schönheitsoperiert, gesungen und getanzt und gemodelt, kaum dass das Ende der Schulzeit auch nur in Sicht ist.

Auffallend ist in vielen Märchen die Heftigkeit und Unerbittlichkeit, mit der handelnde Personen auf erlittenes oder vermeintliches Unrecht reagieren, wenn es sie selber betrifft. Man kann sich oft des Eindrucks nicht verwehren: Wer nicht Rache übt, ist ein Weichei. Bestraft werden dabei aber fast immer die gleichen, die, die sich nicht wehren können, insbesondere die Stiefgeschwister. Bemerkenswert und oft nicht nachvollziehbar ist auch die kalte Wut, mit der Rache geübt wird, wenn es darum geht, die Dinge wieder zurecht zu rücken, in die gewünschte alte, schreckliche aber vertraute Ordnung. Noch verblüffender, dass oft auch Rache an einem oder einer genommen wird, der oder die nun wirklich nichts oder nur wenig mit den Geschehnissen und dem daraus resultierenden Kummer zu tun hat. Da reicht es schon, dass jemand hübscher ist oder gar erfolgreicher. Schon werden aus Verwandten und Verbündeten intrigante Konkurrenten. Alles Märchen?

Aber das Spiel mit dem Wohl der Schwächeren, um die Positionen und Wünsche der Mächtigen zu erfüllen, macht so schnell vor nichts halt. Wenn man dies alles geschluckt hat, möchte man manchen Übeltäter einmal so richtig durchrütteln und schütteln, und dafür sind Märchen ja da. Man kann sich hinter ihnen verstecken, man muss nicht petzen, um anzuklagen und auf erlittenes Leid zu verweisen. Ohne diesen Bezug zur Realität hätten wir längst schon alle Märchen vergessen, wie wir ja vieles andere auch vergessen haben.

Selbst jemand wie ich, deren stressgeplagte, unter Zeitnot leidenden Eltern wenig Zeit hatten, um regelmäßig vorzulesen, hat die Märchen als Begleiter durch die Kindheit in Erinnerung. Da ist einem nicht jedes Märchen gleich lieb, aber wer den Froschkönig nicht mag, dem ist nicht zu helfen. Was ich an allen Märchen nicht besonders schätze, ist die Gnadenlosigkeit, mit der die Strafe auf den Fuß folgt. Da wird nicht lange gefackelt sondern gehandelt. Das war ein Ausgangspunkt für „meine" Märchen.

Man darf allerdings nicht vergessen, dass die alltägliche Erlebniswelt der Menschen in der Entstehungszeit der Grimm'schen Märchen eine herbe Herausforderung war. Die Zeiten waren unsicher, die Beleuchtung in Katen und Kaschemmen muss duster gewesen sein, was insbesondere die zarten Gemüter von Frauen berührt haben dürfte. Kinder wurden früh wie kleine Erwachsene behandelt. Sie bekamen in den überfüllten Häusern mehr mit als empfehlenswert ist, und sie konnten oder mussten sich schon früh ein eigenes Urteil bilden. In dieser Zeit war die übliche Märchensituation Kindern gewiss vertrauter als das heute der Fall sein kann: Geschichten und Typen wie überforderte Stiefmütter, gelangweilte Stiefväter, armselige Behausungen, Hunger, Kälte, schlechte hygienische Verhältnisse, früher Tod.

In den bekannten Märchen sind es häufig Frauen, die ihren Zorn, ihre Wut und Gemeinheit austoben. Es sind die Stiefmütter, die feststellen, dass des Herrn Gemahls Kinder aus früherer Ehe viel Geld kosten. Also müssen sie eine ökonomische Gegenleistung in Form von Kinder- und Hausarbeit erbringen, sonst geht es ihnen an den Kragen. Der Vater, oft als wahrer Trottel dargestellt, tut nichts, um seine Kinder zu schützen; aber er weint viel. In die Schule scheinen die Kinder auch nicht zu gehen, zumindest nicht regelmäßig – weder die Mädchen noch die Jungen. Aber die Mädchen lernen zu spinnen und zu weben, Gold aus Heu herzustellen, was heute als Betrug geahndet würde. Sie müssen die Äpfel vom Baum schütteln, müssen backen und kochen. Es sind zwar zumeist häusliche Berufe, die es zu erfüllen gilt, doch das bewahrt zumindest vor dem Hungertod. Da sich aber alles ändern kann und Beschaulichkeit im Alltagsleben nur selten auf immer andauern wird, ist es unabdingbar, möglichst früh und gut zu heiraten und die Kinder aus erster Ehe zum Teufel zu jagen. Würde man nämlich tatsächlich alles, was es im Fall der Fälle zu verteilen gibt, an alle Kinder weitergeben, wäre es vorbei mit der einigermaßen gesicherten Zukunft.

Es ist das große und bleibende Verdienst von Jakob und Wilhelm Grimm, den schier unerschöpflichen Märchenschatz aus dem fragilen Zustand des mündlich Überlieferten befreit, gesammelt, katalogisiert und damit für alle und jederzeit zugänglich gemacht zu haben. In diesem Prozess ging allerdings, ob gewollt oder ungewollt, gelegentlich die eindeutige Zuordnung der Märchen verloren, das Wissen über die regionale Herkunft und darüber, wer sie zuerst aufgegriffen und erzählt hat. Manches Märchen, das die Forschung italienischen oder französischen Märchensammlern zugeschrieben hat, muss wohl eher der Fantasie der Brüder Grimm zugeordnet werden, die sich aber große Mühe gaben, nicht als Urheber erkannt zu werden. Unausgesprochen war da wohl der Wunsch vorhanden, Märchen als deutsche Märchen einordnen zu können, wenn es denn ein schönes Märchen war.

Die Brüder Grimm, die in einem hugenottisch geprägten Umfeld erzogen worden waren, legten sich die Haltung als sorgfältige Sammler alter Traditionen auch deshalb zu, weil sie ihren gesellschaftlichen Rang und wissenschaftlichen Ruf einsetzen konnten, um mündlich überliefertes

Märchenmaterial zu bearbeiten und gelegentlich auch – als Anpassung an existierende Wertvorstellungen – ändern zu können. Damals achteten Eltern, die ihren Kindern Gutes tun wollten, sehr genau darauf, welches gesellschaftliche Bild mit dem Märchen transportiert wurde und woran sich die Kinder später einmal erinnern und orientieren sollten. Um dem vermuteten Geschmack des durchweg bürgerlichen Publikums Genüge zu tun, modelte man einzelne Charaktere so lange um, bis sie in das gesellschaftlich anerkannte Muster passten.

So musste die Mutter von Hänsel und Gretel notgedrungen zur Stiefmutter mutieren, weil Mütter nun mal grundsätzlich ihre Kleinen

nicht aussetzen, was Stiefmütter dagegen anscheinend öfter tun. Redensarten und bildhafte Formeln wurden reichlich in die Texte ein- oder daran angebaut. Sexuelle Anspielungen mussten vermieden, die übergeordnete Rolle des Mannes und Vaters anerkannt werden. In der Vorrede zur Ausgabe der „Kinder- und Hausmärchen" (KHM) von 1815 wird von den Grimms denn auch ausdrücklich darauf hingewiesen, dass die Märchensammlung ein Erziehungsbuch sei.

Doch der Wunsch, ein deutsches, dickleibiges Märchenbuch vorzulegen, konnte nur dadurch erreicht werden, dass bei manchen Märchen die nicht-deutschen Spuren so lang und weit verlegt wurden, bis sie nicht mehr ohne Weiteres verfolgt werden konnten. Dabei wurde nicht immer Rücksicht genommen auf die europäische Verwurzlung der Quellen oder der verwendeten Sprachbilder. So mussten die Brüder Grimm sich denn einiges einfallen lassen, um ihre Leser davon zu überzeugen, dass ihre „echt hessischen Märchen" ihren Ursprung tatsächlich in altnordischen und urdeutschen Mythen hatten. Sie hätten sonst zugeben bzw. anerkennen müssen, dass eine ihrer Hauptquellen eine gebildete Schneiderin mit französischen Wurzeln war und nicht eine deutsche Bäuerin einfacher Herkunft, die des Lesens und Schreibens nicht mächtig war und deshalb nur mit deutschem Märchengut vertraut sein konnte. Ziel dieser gelegentlichen Verbiegungen war es, dem Wunsch des Bürgertums nach nationaler Identität und Erziehung entgegen zu kommen. Kindern wurden Märchen auch deshalb erzählt, damit sie den Wert angepassten und passenden Benehmens und Verhaltens lernten.

Es gibt, wie ich selbst erfahren konnte, keinen Beleg dafür, dass Märchen als Erziehungsmedien grundsätzlich geeigneter sind als andere Texte. Wie auch, wenn man im Hinterkopf stets das Wissen um Stiefmuttermord und Kindstötung mit sich trägt. Oder wenn man erkennen muss, dass das so hoch gepriesene Familienleben im Ursprungsmärchen oft nichts anderes als eine angstbesessene Veranstaltung war, in der mindestens ein Familienmitglied gemobbt und mies behandelt wurde, ohne dass jemand dies als bemerkenswert einschätzte und Einhalt gebot. Oder dass die Familie sehr darauf bedacht war, die Stellung des jeweiligen Familienmitglieds je nach Wichtigkeit gesellschaftlich zu verankern, um die bürgerliche Ordnung nicht zu gefährden. So erschienen denn früher in der Wahrnehmung Vater, Mutter und Geschwister in einer festen gesellschaftlichen Abstufung, auch um klar zu machen, was geht und was nicht: Vater darf, Mutter nicht; Sohn darf ein wenig, Tochter ganz und gar nicht. Diese Grundhaltung wird in diesem Buch nicht befördert – und das aus unterschiedlichen Gründen.

Ich gehe nach meiner eigenen Erfahrung davon aus, dass Eltern, Großeltern und Paten heute den Kindern Märchen nicht mehr vorlesen, um die innerfamiliäre Hackordnung zu retten. Märchen werden nicht mehr als Blaupausen des wahren Lebens ausgelegt. Sie sollen eher der Förderung von Fantasie, Kreativität und Vorstellungsvermögen denn als Schlafhilfen dienen. Sie sollen es erlauben, wann und wo immer vorgelesen, die Angst von der kindlichen Seele zu bannen. Dies ist eine andere, wesentliche Einsicht, die mich zur Neuerzählung beziehungsweise Umerzählung von bekannten Grimm'schen Märchen motiviert und animiert hat.

Es geht mir hier nicht darum herausarbeiten zu wollen, welchen erzieherischen Wert Märchen heute im Vergleich zu früher haben oder haben könnten – das wäre die Arbeit von Pädagogen. Heute werden junge Eltern bei einer Auswahl aber sehr darauf achten, dass Aggressivität und Grausamkeit nicht allzu dominant werden. Doch offenbar lieben Kinder den Schauder eines Melodrams, wenn hinterher nur der Schutz der allabendlichen Rituale wartet. Und klar muss sein, das alles nur ein Märchen ist – das allerdings das Empfinden der Kinder stark beeinflussen und formen kann. Doch der ausgeprägte Gerechtigkeitssinn märchenbegeisterter Kinder erlaubt es, auch schlimmste Bestrafungen, den Tod in Backöfen, das Abschneiden von Gliedmaßen und anderes mehr dann als gerecht dastehen zu lassen, wenn nur die Verfehlung, die geahndet werden soll, als entsprechend schwerwiegend eingestuft wird. Wie also heute Märchen erzählen, auf dass sie spannend bleiben, aber zugleich besser in die Zeit passen? Das war eine Frage, die ich mir schon seit langem stellte – und auf die ich unbedingt eine Antwort finden wollte.

Nun, es könnte im Wesentlichen alles so bleiben, wie wir es kennen, in der Hoffnung, dass die lieben Kleinen doch alles wieder vergessen und das Grausame so seine Schrecken verliert. Man könnte aber auch versuchen sich vorzustellen und herauszuarbeiten, was das einzelne Märchen eigentlich erzählen müsste, damit die Kinder es begeistert aufnehmen, die Erwachsenen sich beim Lesen und Vorlesen wundern, alle sich auch noch ein bisschen amüsieren – und so Zeiten wiederkehren mögen, in denen das Wünschen noch hilft. Ein solcher Versuch – eine Art der Modernisierung, der Pazifizierung, der Aktualisierung wie der Visionierung – wird im vorliegenden Band unternommen.

Dazu werden die Märchen kräftig gegen den Strich gebürstet – und neu erzählt. Dabei sind Frauen oft ganz anders, als sie nach bisheriger Meinung zu sein hatten. Die Kinder sind nicht immer brav und gehorsam, sondern eher quengelnde kleine Nervensägen. Sie widersetzen sich, wenn sie im Haushalt helfen sollen, sind spöttisch und unfair oder spielen ihre Eltern gegeneinander aus. Väter sind dagegen eher weinerlich und schwächelnd, Mütter nicht immer fleißig und regsam. Nicht alle von ihnen können gut kochen und manche sind sogar schamlos in der Verfolgung ihrer Interessen – einige davon sind individualistisch, andere aber sehr sozial. Ja, und auch das noch: Prinzessinnen haben Mundgeruch und nicht alle Kinder lieben ihre Eltern...

Ein anderes Element ist auch noch zu erwähnen. Märchen werden heute nicht mehr nur erzählt – von den Eltern, den Großeltern, den Patentanten. Kinder können Märchen heute auch eigenständig auf CDs hören oder im Theater, im Fernsehen und im Kino sehen. Märchen haben damit einiges von ihrem früheren familiären Ambiente verloren. Doch genau deshalb kann man, ja muss man sie auch ganz anders, zeitgemäßer, gesellschaftsbezogener erzählen.

Im vorliegenden Band wird das Original daher mit dem Originellen konfrontiert, das altmodische Märchen in einer modernen, auch ironischen und gelegentlich skurrilen Version präsentiert. Neue, markante, einprägsame Bilder – die überraschenden Karikaturen von Steffen Butz – dienen dabei als verbindende Brücke zwischen dem Text der Autorin und dem Vorstellungsvermögen der Vorlesenden und Zuhörenden.

Die Auswahl der fünfzehn Märchen ist, das muss ich eingestehen, höchst subjektiv. Sie ist Ergebnis des eigenen Erinnerungsvermögens, aber auch der eigenen Vorlieben. Dem Leser oder der Leserin sei daher anheimgestellt, nein: geraten, sich auch anderer Märchen zu erinnern und sie mit eigenen Assoziationen zu verbinden, anzureichern – und neu zu erzählen.

Heide Simonis
Kiel, im Juni 2013

Von dem Fischer un syner Fru

Ein Zeitzeuge: der Eldermann

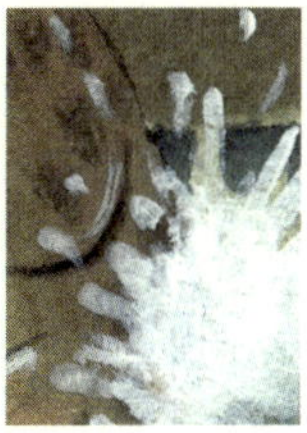

Wir leben hier am Ende der Welt, ohne große Möglichkeiten, unsere Lage zu verbessern. Unsere Boote machen wirklich keinen Staat her und die Fischbestände sind von Ottern und Kormoranen mehr bedroht als von uns. Manches Mal besteht meine Aufgabe nur noch darin, gegen die Melancholie, die im Dorf nach Trauer und Unglück riecht, anzukämpfen.

Bisher war es so, dass wir zumindest versuchten, zusammenzustehen und uns gegenseitig zu helfen. So wurde beispielsweise das Geld, das wir für kleinere, manchmal auch größere Vorhaben im Dorf brauchten, von mir eingesammelt und entsprechend unserer Absprachen von allen gegeben zum Wohle der Gemeinschaft. Seit neuestem aber fällt mir auf, dass der Fischer und seine Frau die allerdümmsten Ausreden daherplappern, um nicht zahlen zu müssen. Bisher haben immer alle Anstand bewiesen und bezahlt, aber das Verhalten von Ilsebill und ihrem Mann gefällt mir gar nicht.

Ich verstehe nicht viel von Frauenkleidern, aber doof bin ich auch nicht. Ich kann funkelnde Seide von Köper unterscheiden und eine starre Dauerwelle von sanft fallenden Locken. Mir scheint, da läuft was aus dem Ruder.

Des Fischers Frau

Was würden Sie sagen, wenn eines Tages Ihr Mann, angeschlagen vom Alkohol, weit nach Mitternacht torkelnd nach Hause käme und Ihnen eine ellenlange Geschichte von einem Butt erzählen würde, mit dem er an diesem Tag einen Vertrag geschlossen hat? In diesem Vertrag hätte sich der Butt verpflichtet, alle Wünsche Ihres Mannes zu erfüllen, weil der ihn aus dem Fangnetz freigelassen hat.

Hat man so etwas je gehört? Mein Trottel von Mann, mehr an der Flasche hängend als ihm gut tut, hat jemanden gefunden, einen Butt von allen Lebewesen, der seine Wünsche erfüllen will. Ich hörte selbst, wie sich meine Stimme nach oben schraubte: „So, ein BUTT, ein blöder Fisch, will deine Wünsche entgegennehmen und untertänigst erfüllen? Sieh dich an, wie du aussiehst: Du stinkst nach Bier. Du bist aufgedunsen. Du bist versoffen und willst der Kumpel vom Weihnachtsmann werden. Der kommt aber nicht selber, sondern schickt einen BUTT."

Vielleicht war es ja eine Buttin, fügte ich noch hinzu. Aber den Witz verstand er nicht. Ich eigentlich auch nicht, denn was sollte ein weiblicher Butt auch an meinem Mann schon attraktiv finden? Ich wollte gerade ausholen und ihm eine unter die Nase reiben, wie sehr er sich gegenüber früher verändert hat. Aber sein Schnarchen bewies: Er war wie immer ins Bett gefallen und schlief schon wie eine Ratz.

Als ich am Morgen unser kärgliches Frühstück machte, war mir schlecht vor Müdigkeit. Da schuftet man wie blöd, um die Familie zusammen zu halten und etwas zum Beißen zu bekommen, und er versäuft die letzten Groschen mit einem Butt. Ich wünschte ihm einen Riesenkater als gerechte Strafe und schaute mir die im Garten hängenden Fangnetze an. Die sahen so aus, als ob sie nur noch von den Löchern zusammen gehalten würden...

Ein neues Fangnetz könnte er sich wünschen. Ein neues Kochgeschirr. Neues Linnen und neue Tücher. Eine Kompostieranlage fürs Dorf und eine Abwasser-Rieselanlage. Auch eine neue Straßenbeleuchtung und eine kleine Medizinstation. Als ich ihm das alles aufzählte, wurde er lila im Gesicht und so hässlich wie die letzten Kartoffeln, die ich in der kühlen Dunkelheit des Eiskellers fand.

Auf dem Ofen köchelte die Grütze und die Kartoffeln buken, aber mehr gab es nicht. Sie hätten die Kartoffeln an dem Morgen sehen sollen. Keime, die bis in den Himmel reichten, geschrumpelte, blau angelaufene kleine Kartoffeln, die stinken und grässlich schmecken.

Auch heute sitzt er, wie alle Tage zuvor, in unserer Küche und liest die Zeitung, die er sich immer beim Lehrer, Pastor oder Dorfältesten erbettelt, um den Fisch darin einzuwickeln. Die drei haben nichts Befremdliches daran entdecken können, dass er heute früher als sonst kam, um die Zeitungen zu holen. Gleich wird er mir vorlesen, was es Neues in der Welt gibt, und jammern, dass er dies nicht hat und jenes – und dass sein Leben ein einziger Verzicht sei.

Ich dagegen finde sein Netzunterhemd ekelig. Das hätte sein neuer Freund, der Butt, schon längst ändern können. Das wäre wenigstens eine vernünftige Investition. Aber an solche wichtigen Sachen denken die beiden offensichtlich nicht.

Eigentlich habe ich noch immer nicht so richtig kapiert, wer der Butt ist und warum er ausgerechnet uns alle Wünsche erfüllen will.

Einige Tage später

Wie das mit dem „Wünsche erfüllen" geht, das hab ich inzwischen begriffen: Er flüstert dem Butt ins Ohr, was er gerne haben möchte – und der Fisch besorgt ihm alles, was er haben will. Das behauptet er jedenfalls. Wie das Zeug dann ins Haus kommt, ist mir zwar schleierhaft, aber wie von Zauberhand sind Dutzende Päckchen da: glitzernd verpackt, mit schönen Bildern glücklicher Menschen auf der Hülle.

In der Zwischenzeit habe ich auch gelernt, wie seine Wünsche konkret zustande kommen. Mein Mann schaut in den Zeitungen nach, was es Neues in der Welt gibt. Wann immer er eine teure (und oft unnütze) Sache entdeckt, muss er sie unbedingt haben.

„Hätte ich diesen schnellen Wagen, dann könnte ich mehr schaffen, weil ich schneller herumkäme." „Hätte ich diese warme Kaschmirjacke, dann würde mein Rheuma besser heilen." „Wäre unser Haus größer, dann könnten wir an mehr Gäste vermieten und so mehr einnehmen." Und so weiter und so fort.

Ich weise ihn auf die Arbeit hin, die mit seinen Vorstellungen verbunden ist und frage, wer das übernehmen soll. Wer soll den Wagen pflegen, den Tank füllen und den Luftdruck prüfen? Kaschmir lässt sich auch nicht einfach mal mit der großen Wäsche waschen. Und wer hält das riesige Haus in Schuss, sorgt für die Gäste und verwaltet die Buchungen?

Sein Gesicht ist ein einziges Fragezeichen: „Wie meinst du das? Natürlich wirst du das meiste übernehmen müssen. Das ist nur gerecht, denn ich bin ja den ganzen Tag beim Fischen." Langsam sehe ich, wohin der Hase läuft. Er jammert so lange nach irgendetwas, bis es mir die Nerven zerreißt. Wenn er mich auf diese Weise weich gekocht hat, ist es ihm ein Leichtes, meine Zustimmung zu erhalten, auch wenn mir überhaupt nicht wohl dabei ist.

Am Anfang und nur für kurze Zeit war das, was sein Herz begehrte, noch vernünftig: Werkzeug für seinen Kahn, eine Ausrüstung gegen die Kälte, nützliche Dinge für Küche und Keller, ein warmes Bad, weiche Betten, dunkle Vorhänge, ein neuer Herd, Tuch und Tiegel, Teller und Topf, Tisch und Tasse. Mit einem Wort alles, was die tägliche Arbeit erleichtert.

Bei mir hat er sich aber keinen Rat geholt. Er hat mich nie gefragt, was ich denn wohl wollte. Und so wundert es mich eigentlich überhaupt nicht, wenn das, was an Dingen ins Haus schwappt, immer protziger und immer unnützer wird.

Ich schwitze zeitweise Blut und Wasser bei dem Gedanken an unsere Nachbarn. Der Eldermann streift in jüngster Zeit häufiger um unser Haus, das ich immer abschließe, um niemanden überraschend empfangen zu müssen. Wenn er und die andern Dorfbewohner wüssten, was sich da in der Zwischenzeit alles angesammelt hatte, würden sie bestimmt neidisch werden. Und einer ist immer dabei, der zur Obrigkeit geht.

Am Anfang gelang es uns noch, alles im Verborgenen zu halten. Aber nun fangen die ersten Dorfbewohner an zu zischeln und zu sticheln, zu klatschen und zu tratschen. Ihr Lächeln ist eisig, sie verstummen, wenn man an ihnen vorbeigeht. Mit einem Wort: Es ist sauungemütlich!

Der Fischer

Seit ich den Deal mit dem Butt habe, wird es hier im Dorf langsam unbehaglich. Wir lassen uns zwar alles nur noch am Abend anliefern, aber das halbe Dorf liegt auf der Lauer, um heraus zu bekommen, was wir Neues haben und wo es steht. Wenn ich die Ilsebill darauf aufmerksam mache, knurrt sie bloß, dass sie sich einen Teufel um diese Schweinebande kümmere, bricht dann aber doch gleich in Tränen aus.

„Was sollen wir denn den anderen bloß sagen?“, jammert sie. „Und wenn das Finanzamt davon erfährt?“ Ich versuche ihr zu erklären, dass alles, was ich bekomme, mir schließlich vertraglich zusteht.

„Alles, was ich habe, steht mir zu“, wiederhole ich zum besseren Verständnis. Aber wenn die Ilsebill hysterisch ist, kann man ihr mit Vernunft nicht kommen. Sie dreht leicht durch, und das bedeutet

Probleme. Ich versuche meiner Frau einzutrichtern, dass sich die anderen ja auch jederzeit einen Butt anschaffen könnten. Sie müssten nur ihren faulen Hintern bewegen.

Ilsebill

All die teuren Sachen machten bald überhaupt keinen Spaß mehr. Die Dorfgemeinschaft behandelte uns wie Aussätzige. Ich versuchte ihn davon zu überzeugen, dass es für uns alle leichter wäre, sich nur noch Dinge beim Butt zu bestellen, die allen nützen würden. Vielleicht hätte der Butt seine Wünsche ja mal steuern können.

Doch da hätte ich wohl besser meinen Mund halten sollen. „Glaubst du etwa, ich würde die Freundschaft zum Butt aufs Spiel setzen, damit dein versoffener Bruder und seine blöde Frau ein sorgenfreies Leben in all ihrer Faulheit führen können? Oder soll es ein Geschenk an deinen Vetter sein? Wollen wir deine Schwestern mit Geschenken überhäufen, damit die noch länger auf dem Sofa rumlümmeln können?"

Ich versuchte ihm zu erklären, dass alle im Dorf krank seien, krank von der harten Arbeit, krank vom kargen Lohn, krank, weil sie den ganzen Tag in dem kalten Wasser stehen mussten, krank, weil es keinen Doktor gibt. Sein Gesicht, das erst blass geworden war, zeigte nun die Farbe von Tomaten. Ich versuchte mich unauffällig zurückzuziehen, denn ich war mir sicher, dass er den Wunsch verspürte, auf mich einzuschlagen, wenn ich nicht möglichst schnell außerhalb seiner Reichweite kam.

Es gab in dieser Lage nicht viele Lösungen, um wieder halbwegs in Frieden zu leben. Die sicherste war, dem Butt die Grenzen seiner Macht zu zeigen und ihn davon abzubringen, meinem Mann weiterhin jeden Wunsch zu erfüllen. Alles andere würde uns wieder dahin bringen, wo wir jetzt waren. Außerdem hatte ich es satt, als Luxusbiest angesehen zu werden, das nur materielle Wünsche hat, während in Wirklichkeit mein Mann mir mit seinem Jammern und Klagen das Leben schwer machte und erst Ruhe gab, wenn ich mich mit allem einverstanden erklärte, was mein Herr sich so wünschte.

Die Frauen im Dorf grüßten mich inzwischen nicht mehr. Ich wurde nicht mehr zu einem Schluck Muckefuck eingeladen und zu uns kamen sie nur, um zu sehen, ob was Neues eingetroffen war. Es musste was geschehen. Aber was?

Ich setzte mich beim flackernden Schein der Öllampe hin, leise, wie ein Mäuschen, damit mein Mann, der Fischer, mich nicht hören konnte. Ich schrieb dem Butt einen groben Brief in einer Flaschenpost, zählte auf, was alles durch seine Einflussnahme bei uns schief gelaufen war, und bat ihn um ein persönliches Treffen. In der nächsten Vollmondnacht wollte ich am Strand auf ihn warten.

Ich hatte an einem trüben und windigen Abend meinen Mann beschattet und durch heimliches Lauschen herausgefunden, wie das mit dem Wünschen geht: Mein Mann schlich sich zum Ufer des Sees. Er formte eine Tüte aus seinen Händen, die er vor den Mund hielt. Und rief solange, bis der Butt kam: „Manntje, manntje Timpe Te, Buttje, buttje in der See. Meine Frau de Ilsebill, will nicht so, as ik wol will."

Haben Sie jemals so ein Kauderwelsch gehört? Die beiden kamen mir vor wie kleine Jungs, die Indianer spielen. Was meinte er mit Timpe Te – und was mit Manntje?

Nun saß ich im Mondschein da und grübelte, drehte die Worte und betonte sie ein bisschen lauter als beim ersten Mal, wiederholte sie: „Timpe Te". Plötzlich kräuselte sich das Wasser und ich seh den Butt und hör ihn sagen: „Na, wat will se denn?"

Ich war zunächst verwirrt, weil ich es mir eigentlich einfacher vorgestellt hatte zu sagen, was ich haben oder werden will. Dann aber wusste ich's: Kaiser, Papst oder der liebe Gott.

Den Kaiser und den Papst akzeptierte er noch. Beim Wunsch, der liebe Gott zu sein, aber schluckte er, sah mich streng an und fragte, was denn dieser Unsinn solle. „Das ist nicht unsinniger als all der Schrott, den sich mein Mann gewünscht hat. Lauter Dinge, die wir nicht brauchen. Und du hast ihm alles frei Haus geliefert." „Ja, du hast Recht", seufzte der Butt, „ich werde mir was einfallen lassen..."

Am nächsten Tag kam mein Mann angetrunken und wütend von seiner Fangtour in die Küche und brüllte so laut, dass es Angst erregend war. Ich hätte den Butt, seinen Freund, mit meinen verdammten Wünschen, mit meiner Maßlosigkeit verärgert – und nun würden wir wieder da sein, wo er uns doch so schön herausgeholt hatte. Tatsächlich, es stimmte: Der ganze Krempel, den wir nicht brauchten, war weg, meine Küche wieder leer. Oder sagen wir, wieder überschaubar. Was noch geblieben war, ist praktisch, erleichtert die Arbeit und ist ein Segen. Mir ist doch eine Waschmaschine tausendmal lieber als ein Kaschmirpullover.

Und meine Freundinnen sitzen inzwischen wieder am Tisch, und wir stricken gemeinsam. Was ich ihnen und meinem Mann aber nicht verrate, ist, dass ich den Butt jeder Zeit rufen kann. Habe ich auch schon ausprobiert und ein paar Dinge bestellt: eine Gemeinschafts-Waschmaschine, eine Dorfapotheke, neue Stühle für die Schule, eine Kläranlage und einen gut organisierten Müllplatz. Und trockener Champagner wird auch jederzeit geliefert. Dann treffen sich alle bei uns auf ein, zwei, drei oder mehr Gläschen.

Das Leben im Dorf wird seither immer besser. Und wir Frauen sind glücklich, zumal immer noch genug übrig bleibt, um einen Lippenstift, eine Gesichtscreme und andere schöne kleine Dinge zu kaufen.

MANTJE, MANTJE, TIMPE TE,
BUTJE, BUTJE IN DER SEE,
MYNE FRU, DIE ILSEBILL,
WILL NICH SO, AS ICK WOHL WILL.
SIE WILL JETZT ...
JA JA, ALLES KLAR.
HAB'S GERADE AUS
DER BILDZEITUNG
ERFAHREN.
SIE ISSES SCHON.
WIR SIND
PÄPSTIN!
Bild
BUTZ

Aschenputtel

Ein Zeitzeuge: der Verwaltungsbeamte

Wir wussten immer schon, dass die Familie von Aschenputtel zur Crème de la Crème gehört: selbstbewusst bis zur Hochnäsigkeit, wohlhabend, bestens vernetzt, arrogant und erfolgreich. Sie erwarteten immer eine Sonderbehandlung. Man erzählt sich die unglaublichsten Geschichten darüber, wie die Familie versucht, das Heft des Handelns in der Hand zu behalten, und wie sie mit unziemlicher Härte vorgeht, wenn es ihren Zielen dient.

Angeblich soll die Mutter ihren leiblichen Töchtern die Füße gestutzt haben, damit die Mädchen in die Schuhe passten, die der Kronprinz, auf der Suche nach seiner Tanzpartnerin mit sich trug, um sicher sein zu können, dass er die richtige Frau finden würde. Nämlich die, die jeden Abend zum Tanz erschien, die Zähne nicht auseinander kriegte, aber weit vor dem Morgengrauen wieder verschwand.

Sie verstehen nur Bahnhof? Ich auch, aber es ist eigentlich nicht allzu schwer zu verstehen. Die Würdenträger unseres Reichs achten strengstens darauf, die richtige Frau für den Thronfolger zu finden.

Ihr einziger Wunsch es ist, den Interessen der Familie zu dienen. Alle wissen, dass die glanzvollsten Hochzeitsfeiern nicht dazu da sind, das Glück des Brautpaares vom Himmel zu erbitten, sondern der Staatsräson zu dienen. Und solange diese Machtbalance stimmt, sollte man alle Geschichten, die man sich so erzählt, als Kokolores einstufen. Niemand von denen wird jemanden heiraten, der nicht in das Beuteschema des Clans passt. Doch angesichts dieser Lage hat die Stiefmutter von Aschenputtel ziemlich dicke Fehler gemacht.

Und das kam so: Unser Kronprinz suchte eine Frau und war überhaupt nicht begeistert, plötzlich im Mittelpunkt des allgemeinen Klatsches und Tratsches zu stehen. Sie aber, die Stiefmutter von Aschenputtel, war zu ungeduldig, sie redete mehr als bekömmlich war. Keiner wollte mehr mit ihr gesehen werden. Das Schicksal ihrer leiblichen Töchter wurde zum Gegenstand zynischer Wetten...

Eine Mutter sorgt sich

Ich komme aus gutem Hause. Meine Familie genießt allseits hohes Ansehen. Uns gehören große Ländereien. Meine Brüder liefern alle möglichen Instrumente, mit denen man jede kriegerische Auseinandersetzung bestehen kann, in alle Winkel der Welt. Der Prinz hört auf meinen Rat, den ich ihm wohldosiert und ohne Rechthaberei hin und wieder zukommen lasse. Es kann nicht schaden, Anerkennung in der Gesellschaft und Einfluss bei Hof zu haben. Erst recht nicht, wenn man zwei Töchter und eine Stieftochter zu verheiraten hat.

Ich weiß, dass meine Brüder für ihre großzügige Unterstützung meines Haushalts erwarten, dass ich ihre Interessen bei Hof vertrete. Und ich kann mit Stolz behaupten, dass ich Einfluss habe. Ich kann es mir aussuchen, mit wem ich gesellschaftlichen Umgang pflegen möchte – und mit wem nicht. Wir leben zwar nicht in Saus und Braus, aber in gepflegtem Wohlstand. Zu jeder Saison lasse ich uns – ich meine, für meine beiden Töchter und mich – feinste neue Kleider aus Linnen, Samt und Seide nähen.

Wenn ich in die Oper möchte, schickt der König mir eine Kutsche, denn in den ausladenden, steifen Kleidern mit Reifröcken und langer Schleppe kann man nicht weit zu Fuß gehen. Und den Kakao, den er mir gelegentlich zukommen lässt, spendiere ich gerne bei den Besuchen der anderen Frauen aus guten Familien, damit sie sehen, welches Ansehen ich genieße.

Alle glauben, mein Mann würde die Ausgaben für die feinen Kleider übernehmen. Dass ich nicht lache. Aber ich werde ihnen nicht sagen, dass mein Mann mir nichts geben kann, weil er nichts hat – und dass ich deshalb auf die Hilfe meiner Brüder angewiesen bin.

Die Unterstützung meiner Brüder ist meine wichtigste Karte in dem Poker um die zukünftige gesellschaftliche Stellung meiner Töchter, die, wenn ich morgen nicht mehr da sein sollte, meine Aufgaben übernehmen müssen. Das erwartet meine Familie. Meine beiden Töchter sind wunderschön: rosige Haut, prachtvolle Locken, hübsche Figur. Ihre Manieren lassen manchmal zwar zu wünschen übrig, vor allem, wenn sie sich ärgern, aber ansonsten sind sie viel zu dumm, um irgendeine Intrige richtig durchziehen zu können.

Ja, Sie haben richtig gehört: Meine beiden Töchter sind dumm, dumm wie Bohnenstroh. Sie trällern und tanzen gern, jedes Kleid steht ihnen gut. Sie haben aber keinen einzigen eigenen Gedanken, der zu der Annahme führen würde, sie könnten wirklich denken. Sie sagen kleine Reime auf, hören auch gern zu, weil sie froh sind, nicht mehr zu einer Unterhaltung beitragen müssen, als ein „ah", „oh", „nein, wie interessant". Sie machen für Stunden den Mund nicht auf, wenn man sie nicht ausdrücklich dazu auffordert. Sie haben immerhin nette Freundinnen, mit denen sie zusammensitzen und jauchzen, klatschen, lachen, sich schminken und die Haare richten.

Ich muss also wirklich ehrlich sein: Wenn der Prinz eine von diesen beiden heiratet, dann geht unser Einfluss am Hof verloren. Die beiden wissen nicht einmal, wie eine Taschengelderhöhung ohne Tränen und Geschrei durchgesetzt werden kann, geschweige denn, wie sie eine königliche Unterstützung der geschäftlichen Vorhaben meiner Familie erreichen könnten.

Um weiter ehrlich zu sein: Ich habe noch eine dritte Tochter, ein Kind aus der ersten Ehe meines Mannes. Was soll ich über dieses Unglückskind bloß sagen. Ich hege keine bösen Gefühle gegen sie, aber richtig mögen mag ich sie auch nicht. Haben Sie diesen Wechselbalg mal von nahem gesehen?

Eine Haut wie eine Zigeunerin; braun, krauses Haar, lange Gliedmaßen, große Füße. Ihre Mutter soll eine dunkle Schönheit gewesen sein, die nicht richtig Deutsch sprechen konnte, aber den halben Tag im Bett lag. Das Mädchen summt stundenlang vor sich hin, rezitiert Gedichte und schleppt viele Bücher mit sich herum. Ich möchte bloß wissen, was dieser Teufelsbraten sich so einbildet. Anpassen und integrieren will sie sich jedenfalls nicht. Glaubt sie etwa, sie könnte einen Wettbewerb mit meinen beiden richtigen Töchtern gewinnen?

Immerhin: Sie arbeitet flink, schnell und ohne zu murren. Die Gerechtigkeit gebietet es, dies anzuerkennen. Sie trägt einfache Kleider in Farben, die so aussehen, als habe sie damit den ganzen Tag in der Asche gesessen. Allerdings: Grobes Leinen in grau-braun sieht an ihr hübsch aus. Trägt sie darunter noch eine weiße Leinenbluse, dann stehen die Männer im Hof gar mit offenem Mund da und starren ihr nach.

Wenn man etwas von ihr will, lächelt sie, zeigt ihre weißen Zähne und läuft sogleich los, das Gewünschte zu holen. Sie hat eine Haut wie Kakao, ihre Brüste sind fest und rund – meine beiden Töchter fallen da weit hinter sie zurück. Sie sieht dennoch nicht so aus wie eine von uns. Vielmehr muss ich annehmen, mein Mann habe es mit einer vom fahrenden Volk getrieben – und das ist jetzt das Ergebnis.

Und mehr noch: Sie liest und redet mit Tauben und anderem Getier. Hat man so was schon mal gehört? Jetzt fehlt nur noch, dass sie Teufels- und Hexenspuk treibt. Angeblich bringen ihr die Vögel in den Bäumen Goldfäden, Seidenstoffe, Schuhe, Bücher und Düfte. Ich habe meinen beiden Töchtern befohlen, auf dieses Miststück aufzupassen, aber sie behaupten, ihr nicht folgen zu können. Nun ja, im Augenblick haben wir andere Probleme.

Der Prinz, genau genommen ein Weichei und Poussierstengel, sucht eine Frau, sagt man. Er hat geschworen, so lange, bis er eine passende Frau gefunden hat, jeden Abend einen Ball zu geben und die Schönen der Gesellschaft dazu einzuladen.

Das wird uns alle ein halbes Vermögen kosten. Aber so wie die Dinge stehen, wäre es dumm, sich eine solche Chance entgehen zu lassen. Ich habe den Kleiderschrank meiner beiden Mädchen geprüft. Sie werden wunderbar aussehen, wenn sie zu den Bällen eingeladen werden.

Ich kann aber, ehrlich gesagt, nicht damit rechnen, dass meine beiden Töchter bei diesem Spiel automatisch die größten Chancen haben. Ich muss die Karten daher neu mischen. Und da kommt auf einmal die dritte – Aschenputtel – ins Spiel. Was aber mach ich nur mit ihr? Ich kann und will sie nicht zu den Bällen mitnehmen, auf gar keinen Fall. Ich brauche sie aber als Joker.

Ich könnte nämlich nicht behaupten, dass er meine beiden Töchter mit besonderer Aufmerksamkeit betrachtet. Ich muss auf jeden Fall weiter nachdenken und vorsichtig vorgehen, damit niemand meine Absichten bemerkt und mir einen Strich durch die Rechnung macht.

Gestern war ich zu einer Audienz beim Prinzen. Ich habe ein einfaches Kleid getragen, nicht zu bunt, keinen Schmuck, „Frau aus dem Volk" – mit viel gutem Willen. Er sieht tatsächlich ganz ansprechend aus, ist aber auch keine Schönheit. Der weiche Zug um die Lippen gibt ihm das Aussehen eines beleidigten Knaben. Aber er weiß seine Stellung einzusetzen und seine Vorteile ins Spiel zu bringen. Und mir scheint: Er kann ganz schön gerissen sein.

Ich konnte ihn aber davon überzeugen, dass ich eine Lösung für ihn und mich hätte, die uns beiden nützen würde. Ich habe sofort gesehen, dass er mich verstand, als ich ihm erklärte, dass meine drei

Grazien, zwei Töchter und eine Stieftochter, klüger und schöner als alle anderen im Lande seien – schon allein deshalb, weil sie aus der richtigen Familie kommen. Er hat aber auch sofort begriffen, dass meine beiden Töchter zu sensibel und zu zart sind, um ihm eine große Hilfe zu sein. Aber immerhin: Die dritte kann bis Mitternacht tanzen, ohne am nächsten Tag vor Müdigkeit aus den Latschen zu kippen.

Der Prinz und ich haben uns darauf geeinigt, dass ich meine beiden Töchter zu den bevorstehenden Bällen begleiten werde, dass die dritte, meine Stieftochter, aber alleine kommt, ohne zu wissen, dass wir wissen, dass sie da ist. Sie wird glauben, dass eine Taube ihr die schönen Ballkleider gebracht hat. Und vor allem: Sie wird den Mund halten, weil sie ihren sozialen Aufstieg nicht durch dummes Ratschen und Tratschen gefährden will.

Er, der Prinz, wird bekannt geben, dass er eine junge Frau sucht, die auf einem der Bälle einen Schuh verloren hat und an deren Fuß dieser wie angegossen sitzt.

Ich dagegen werde ich meinen Töchtern weder Zehen noch Fersen abschneiden lassen, um alles passend zu machen. Böse Zungen behaupten zwar anderes, aber es würde dem Prinzen nicht zur Ehre gereichen, wenn seine zukünftige Frau mit verstümmelten Füßen durchs Leben laufen müsste. Und was immer ich auch von meinen beiden Töchtern halte: Verstümmelt sind sie wenig wert auf dem Heiratsmarkt.

Er wiederum sagte mir zu, meine Stieftochter zu heiraten, wenn ich sie ihm offiziell zuführe.

Ein bisschen Dankbarkeit darf man ja erwarten. Es kann schließlich nicht schaden, wenn Aschenputtel sich später daran erinnert, dass ich ihr auf den Thron geholfen habe. Sie wird ihm eine ebenbürtige, rechthaberische und raffiniert abwägende, später aber wohl eher zänkische Frau sein. Meine eigenen Töchter würden stattdessen wohl immer dicker vom vielen Kuchen und anderen Süßigkeiten werden. Und ich selbst kann den politischen Einfluss auf unser Land behalten, den ich mir so lange schon erarbeitet habe.

Ein Prinz in Nöten

Grundgütiger Himmel, was wollen die bloß von mir? Alles, was ich brauche ist eine gehorsame Frau, die hübsch ist, das Linnen pflegt, nichts verschleudert, keinen Klatsch erzählt und viele gesunde Kinder kriegen kann. Jeder Mensch mit einem Hauch von Verstand müsste sich das schon längst selber überlegt haben. Wir sind ein kleines, eher unbedeutendes Land. Wir haben keine Bodenschätze, niemand hilft uns und alles, was wir brauchen oder haben wollen, müssen wir uns hart erarbeiten. Wir sind wegen unserer eher unbedeutenden Stellung immer in Frieden gelassen worden. Aber was jetzt passiert, das schafft mich...

Diese Frau mit ihren zwei glubschäugigen Töchtern rückt mir alle naslang auf die Pelle, um mit mir zu diskutieren, wie die Frau aussehen muss, die an meiner Seite die Zukunft unseres Geschlechts garantiert. Sie hat sich offensichtlich mit meinen Eltern zusammen getan, weil die plötzlich die gleiche Melodie singen. Sind die denn alle verrückt geworden?

Meine Mutter lässt hin und wieder die Bemerkung fallen, dass Schauspielerinnen zwar ganz reizend aussehen, aber als zukünftige Gattin nicht infrage kämen. Mein Vater bedeutet mir, dass sich für alles eine Lösung finden lasse; ich solle nur Geduld haben und diskret sein. Meine Schwester kichert, mein Bruder grinst anzüglich. Ich könnte ihnen ja sagen, dass ich durchaus in der Lage bin, mein Leben mit Frau, Kindern und Gespielinnen selber zu gestalten. Das gelingt aber nur, wenn es keinen Skandal gibt. Keine Frage: Ich muss mir was Besonderes einfallen lassen.

Die beiden Schwestern

Er ist wirklich kein Charmeprinz, im Gegenteil. Er kann entsetzlich muffig sein. Richtig reich ist er nicht, hübsch ist er nicht, singen und tanzen kann er nicht, die Laute spielen kann er auch nicht. An der Uni ist er im hohen Bogen rausgeflogen und nur die Tatsache, dass sein Vater der König dieses Landes ist, hat ihm erlaubt, wieder eingeschrieben zu werden. Von einem Abschluss seiner Studien haben wir weder gesehen, noch davon gehört. Er soll jetzt irgendwo ein Verwaltungspraktikum machen. Aber er hat zu nichts richtig Lust. Und er kommt jeden Tag zu spät. Es gibt wirklich keinen Grund, dem Herrn auf Knien zu danken, falls er eine von uns beiden heiraten wollte.

Aschenputtel

Ich habe noch nie so lange schlafen können wie derzeit. Nach dem Aufwachen und noch vor dem Aufstehen kommt eine Tasse Kakao, den ich genüsslich schlürfe. Dann ein langes Palaver. Was ziehe ich an? Wen muss ich heute grüßen? Was sagen die Buschtrommeln?

Sie sehen, ich bin verlobt mit dem Prinzen – und seither hat sich meine Stellung schlagartig zum Bessren gewendet. Ich bekomme, was ich will. Ich darf lesen, was ich möchte. Die Kuchen, die man mir serviert, sind köstlich. Das Schloss und die Dienerschaft zeigen sich von ihrer besten Seite.

Und der Prinz, von dem ich anfangs gar nicht wusste, dass er einer ist, erzählt mir lange Geschichten darüber, was die Pflichten eines Prinzen und seiner Gattin seien. Ich tue so, als ob ich kein Wort verstünde, denn ich weiß doch, dass das alles nicht ausreichen würde, um auch nur einen Tag sinnvoll zu füllen.

Der Prinz findet, dass ich tapfer sei. Und er hilft mir, mich an mein zukünftiges Leben an seiner Seite zu gewöhnen. Für ihn ist schon der kleinste Handschlag harte Arbeit, die ihn nahezu umbringt. Ich werde nichts zu diesem Thema sagen. Soll er nur glauben, ich bringe mich für ihn und sein Wohl an den Rand meiner Kräfte.

Ich könnte ihm aber vielleicht sagen, dass ich mich schon einige Male mit seiner Mutter getroffen habe, die die größten Befürchtungen hegte, dass er seine bisherige Freundin, eine Kammerzofe, heiraten könnte. Heiraten wird er mich! Seine Unterwäschedame wird einen ehrenvollen Auftritt an einem anderen Hof bekommen. Meine Stiefschwestern werden ihre Tanten besuchen, um bei einem längeren Aufenthalt die Künste des feinen Benimms zu erlernen. Und ich selbst werde mich bemühen, das Zepter in die Hand zu kriegen, ohne dass es zu größerer Gegenwehr kommt.

Der Einfluss meiner Familie wird durch mich garantiert. Sie werden mich anhübschen, neu einkleiden und hoffen, dass mein Gedächtnis ein Schweizer Käse ist – das nichts behält, auch ihre Bosheiten mir gegenüber nicht.

Mir soll es Recht sein. Meine zukünftige Arbeit wird darin bestehen, den Ruhm unseres Geschlechts zu mehren, reich zu sein, aber auch nett. Meine zwei Stiefschwestern, denen ich versuchte, alles so zu erklären, dass sie nicht mitten in der Geschichte aussteigen, kapieren eine Intrige immer sehr schnell. Sie kreischen, dass sie keine Lust dazu hätten, schlecht behandelt zu werden. Sollte jemand glauben, sie wären leichte Beute, würde dieser noch das Staunen lernen.

Der Prinz und ich, wir heiraten also. Sehr schön. Von allem das Beste. Nur dass mein zukünftiger Mann nicht mitbekommen hat, wie man bei den Handwerkern und Verkäufern feilscht, wie man die gewonnenen finanziellen Reichtümer auf den richtigen Konten festlegt, welche Immobilien man erwirbt und welche nicht. Da er von häuslicher Ökonomie und von Preisen für schöne Kleider aber auch nicht viel versteht, kommen wir alle prima über die Runden. Er glaubt, dass er einen guten Ruf hat, der ihn aus aller Bedrängnis retten wird. Und er ist der Meinung, dass es Tüdelkram sei, von ihm zu erwarten, die Geldflüsse in seinem Lande kontrollieren zu wollen. Für so etwas hat man seine Leute.

Sogar die beiden Landeier, meine Stiefschwestern, stimmen inzwischen allem zu. Sie mögen zwar doof sein, aber sozialen Selbstmord würden sie nicht begehen. Und da ihr Spesenkonto fast immer leer ist, überzeugen sie meinen künftigen Mann immer wieder von der Richtigkeit seines Handelns. „Sollen wir so primitiv aussehen, wie unsere Vorfahren?", fragen sie. „Unser Land wird von der politischen Landkarte verschwinden, wenn wir nicht mit unserem Auftritt dafür sorgen, dass man uns bewundert."

Es gibt also tausend Gründe, dass sich endlich mal jemand Kompetentes um das Land kümmert. Ich finde, dafür war mein Designerschuh kein übertriebenes Opfer!

PRIMA, JETZT HAB ICH'S: ICH BESTELLE MIR DIE TEUERSTEN DESIGNER-KLAMOTTEN, TRAGE SIE EINEN ABEND AUF DEM PRINZENBALL UND SCHICKE SIE AM NÄCHSTEN TAG ALS RETOURE WIEDER ZURÜCK.
BUTZ

Der Froschkönig

Aus der Froschperspektive

Eigentlich ist sie ja ganz niedlich, die Kleine. So hilflos, wie sie da steht, das Händchen zierlich ausgestreckt, damit ich darauf hüpfen kann. Sie spreizt die Fingerchen und sieht mich nachdenklich an. Sie reißt die Augen auf, dreht das Händchen und auf ihrer kleinen, glatten Stirn erscheinen zwei steile Falten. Sie spitzt das Mäulchen und kichert verlegen. Und sagt immer wieder: „Oh je, oh je, oh je" – und so weiter und so fort. Ich habe sie nämlich gefragt, ob sie mich nicht küssen wolle. Jetzt überlegt sie krampfhaft, wie sie meinen Wunsch mit wohl gesetzten Worten ablehnen kann, ohne einen Fehler zu machen. Eigentlich ist die Kleine davon überzeugt, dass wir alle Gottes Kinder sind – auch der Frosch. Und wenn sie wüsste, wer ich in Wirklichkeit bin, würde sie bestimmt alles tun und mir einen Kuss aufzwingen. Und dennoch, ich sehe es genau: Sie ekelt sich vor mir.

Mir aber gefällt die Situation. Ich kann sie beobachten, ihren Charakter einschätzen und sehen, ob sie wirklich diejenige sein wird, die mich rettet. Dabei will ich, genau genommen, gar nicht gerettet werden. Zugegeben, ich war zunächst stinkwütend auf die alte Hexe, die mich in einen Frosch verwandelte, kein Mensch weiß warum. Die Froschperspektive kann nämlich ganz schön anstrengend sein.

Man muss immer damit rechnen, von irgendeinem Trottel zertreten zu werden. Diese Angst wird aber mehr als aufgewogen durch viele kleine Vorteile.

Niemand achtet auf mich, wenn ich ohne zu quaken am Teich sitze und zuhöre, wie die Frauenzimmer Intrigen gegen jemanden spinnen. Was sie zum Beispiel nicht alles unternehmen, um einen Wechselbalg dem eigenen Mann unterzujubeln. Hinter wem sie her sind, damit sie eine gute Partie machen können – und vieles andere mehr. Und ich lerne, ohne dass sie es wissen, auch die Mütter kennen. Ein Heiratsschwindler ist dagegen ein ehrenwerter Mann. Hier bekommen die losen Töchter von ihren durchtriebenen Müttern Ratschläge, die einem die Röte ins Gesicht treiben. Beispielsweise, wie sie dem angehenden, verliebten Ehemann weismachen können, noch Jungfrau zu sein. Hier bekommen sie Unterricht in Lug und Trug. Hier zeigen sie ihren Mitschwestern sogar, wie sie ihren Männern vorgaukeln können, sie würden sie lieben. Die Welt ist schlecht, die Frauen noch schlechter – und was sich hinter deinem niedlichen Gesichtchen alles verbirgt, meine Schöne, das weiß ich noch gar nicht.

Etwas später

Sie gilt als die schönste Tochter des Königs. Jeden Tag geht sie zum Brunnen, aber nicht, um zu trinken oder sich das Gesicht zu kühlen. Oh nein: Sie betrachtet sich im Wasserspiegel und erfreut sich an ihrem Antlitz. Sie ist sehr eitel, aber richtig niedlich. Als ich sie zum ersten Mal sah, fiel ihr ein kostbares Spielzeug, eine kleine Silberkugel, durch eigene Unaufmerksamkeit in den

Brunnen. Das arme Ding hat geheult und geschluchzt, dass es Gott erbarm. Ich hätte ihr ohne großen Aufwand das Silberkügelchen rausholen können, aber ich wollte erst einmal sehen, was als nächstes passiert.

Ich also raus und auf die Süße los gekrochen. Sie schreit wie am Spieß, beruhigt sich allerdings, als sie merkt, ich tu ihr nix. Es dauert keine fünf Minuten, da ist sie zahm wie ein Kätzchen. Sie verspricht mir das Blaue vom Himmel, wenn ich ihr nur das Silberkügelchen hole.

Eigentlich finde ich mich gemein, aber ich habe meine Gründe, mir das Töchterchen gewogen zu machen. Ist doch der Kerl, der damals mit der alten Hexe unter einer Decke steckte und sie überredete, mich in einen Frosch zu verwandeln, heute der anscheinend erfolgreichste Freier unter der Schar all derer, die um sie scharwenzeln. Ich liebe das holde Kind nicht, will ihr auch nichts Böses, aber ihm spuckte ich allzu gern mit Vergnügen in die Suppe. Also verlange ich von ihr, mir alles, was ich möchte, zu gewähren. Dann hol ich ihr das Kügelchen.

Sie verspricht zunächst alles: Ich darf von ihrem Tellerchen essen, ihre Gäbelchen benutzen, aus ihrem Gläschen trinken, in ihrem Bettchen schlafen, ihr Bad benutzen und immer neben ihr sitzen...

Natürlich kam es früher oder später, wie es kommen musste. Nun hocke ich im Schloss. Sie aber zickt herum, findet mich ekelhaft, sagt, ich sei glitschig und stinke. Zu allem Übel lügt sie und behauptet, sich an ihre Versprechen nicht erinnern zu können. Und so stehe ich da wie ein Depp, der sich nur Vorteile sichern will. Doch schließlich werde ich vom Herrn Papa gerettet, der sie daran erinnert, dass eine Dame sich dadurch auszeichnet, dass sie ihr einmal gegebenes Wort auch einhält.

Warum will ich eigentlich, dass sie mich küsst? Dabei weiß ich doch jetzt schon: Danach beginnt das Trauerspiel, das man Erwachsenenleben nennt. Eine ewige Hatz durch den Tag erwartet mich. Ich werde mich als Prinz zehnmal am Tag umziehen müssen, ich werde atemlos hinter ihr her hetzen.

Man wird von mir erwarten, dass ich Pumphosen trage, mit weißen Strümpfen und roten Schnallenschuhen. Natürlich werden sich wieder alle über meine krummen Beine lustig machen. Ich weiß, dass ich kein Beau bin, meine Beine stehen X, die Waden sind zu dünn, ich habe Knubbelknie. Meine Füße und Hände sind mir dauernd im Wege und da sich in den weißen, seidenen Strumpfhosen alles klarer zeigt als im Froschgewand, höre ich jetzt schon die Spottgesänge all der Brunfthirsche, die sich schöner dünken.

Mein Samtbarett mit langer Feder wird mir überall im Wege sein. Mein kurzes, rotes, schwingendes Samtcape wird an jedem Nagel und Haken hängen bleiben. Ich werde wieder Lautenunterricht nehmen, Verse schmieden, Sarabanden tanzen müssen – und mich zu Tode langweilen. Mein Tag wird zur Hälfte vor dem Spiegel stattfinden. Und diesen Preis werde ich lebenslang zahlen für einen einzigen, schnell hin gehauchten Kuss von ihr.

Und was weiß ich von meiner zukünftigen Frau? Wird sie mich mit einem anderen betrügen? Wird sie das Geld zum Fenster rauswerfen? Jetzt bin ich ihr so lange schon so nah und weiß doch nichts von ihr, außer dass sie Grübchen hat. Sie könnte der Reinfall meines Lebens werden. Was mach ich bloß?

„Küss mich - quak - tanz mit mir - quak - sing für mich - quak - zeig deine netten Seiten - quak!“ (Und denk daran, dass ich ein gemütliches Froschleben aufgeben muss, ein Leben, wo ich nur gen Himmel blicken muss, um den Himmel unter den Röcken der Frauen zu erhaschen.)

„Quak - küss mich und lass mich von deinem Tellerchen essen. Quak - und halte dich an das, was du mir versprochen hast. Du hast gesagt, ich darf die ganze Nacht mit dir in deinem Bettchen schlafen - quak.“

Ich werde vor Aufregung immer lauter. So laut, dass der ganze Hofstaat den Löffel hinlegt, um zu verstehen, was da abläuft. Und ich sehe, wie sie immer wütender wird. Zwar nimmt sie mich mit in ihr Bett, doch dort hält sie es nicht lange aus. Sie stampft mit den zierlichen Füßchen auf und kreischt. Nicht gerade melodisch, aber laut.

Sie packt mich, mir wird schwindelig. Sie kreiselt mit mir herum. Sie hat mich an den Beinen gepackt. Sie wird doch wohl nicht Froschschenkel aus mir machen?

Nein, sie schleudert mich mit aller Kraft an die Wand und verflucht mich! Der Knall ist ohrenbetäubend. Ich rutsche an der Wand herunter, spüre den Aufprall - und falle in Ohnmacht. Als ich wieder zu mir komme, sehe ich lauter verschwommene Gesichter. Der halbe Hofstaat beugt sich über mich und die Prinzessin badet meine Stirn mit Lavendelwasser.

Verdammter Mist – jetzt muss ich sie doch noch heiraten, denn ich weiß ja schon, was der König mir erzählen wird: Ein Mann sei verpflichtet, die Schande zu tilgen, wenn er mit einer Dame in der Nacht das Bett geteilt hat. Und das kann er nur dadurch, dass er sie heiratet.

MANCHMAL WURDE DER PRINZ VON KLEINEN RÜCKFÄLLEN HEIMGESUCHT.

Rotkäppchen

Ein Kneipenwirt erzählt

In unserem Dorf ging die Angst um. Angst vor Wölfen, von denen niemand mehr geglaubt hatte, dass es sie überhaupt noch gibt. Vor allem im Dunkeln sahen die Menschen Gespenster mit glühenden Augen und blitzenden Zähnen. Manchmal, wenn wir im flackernden Kerzenlicht vor dem Rauch spuckenden Kamin saßen, um die alten, schmerzenden Knochen nach stundenlanger Schufterei draußen im Kalten ein wenig aufzuwärmen, erlaubten wir Männer uns Scherze mit Wolfsgeschichten, die die Weiberleut zum Kreischen brachten.

Irgendwie war immer einer dabei, der wie ein Wolfsziegel heulen konnte. Und wenn er seine Künste unerwartet und grauselig vorführte, ging es sogar uns Männern kalt den Rücken runter. Wir machten uns zwar über die Frauen lustig, aber in den kalten Nächten, in denen der Nebel allem eine andere Form gibt, gingen wir nur gemeinsam zum Pinkeln nach draußen. Man wusste ja nie, wer sich da herumschlich; und von uns hatte keiner Lust, sich als Wolfsdompteur zu versuchen.

Das Eis brachte die Bäume zum Knistern und Knacken, das Wasser unter dem Eis heulte wie ein kleines quengelndes Kind. Und mehr als einer von uns hatte schon den Sensemann gesehen oder, was noch schlimmer war, gehört, wie er seine Todessense dengelte. Waren wir zurück in der leidlich warmen Stube, wo die Frauen alles zur Nacht aufgeräumt hatten, dann traten wir mit festem Schritt auf, kommandierten die Kinder herum und schmetterten unsere Befehle heraus. Je gruseliger es draußen war, umso siegessicherer war unsere Heimkehr. „Ein Bier, Weib!" bellte einer von uns, und die Frauen liefen wieselflink umher.

Ich erinnere mich noch heute an den Tag, an dem ich zum ersten Mal Rotkäppchen richtig wahrnahm. Sie stand vor dem Laden unseres Dorfkaufmanns und verteilte Infomaterial einer Tierschutz-Gruppe: „Dein Freund, der Wolf" stand darauf. Ich dachte, mich trifft der Schlag. Was aber dem Fass den Boden ausschlug, ist die Tatsache, dass sie sich an einem Projekt „Save our Wolves" beteiligt, um den Wölfen die Angst vor den Menschen zu nehmen. Sie wollen aktiven Artenschutz praktizieren und beweisen, dass vorgeblich wilde und gefährliche Tiere eigentlich völlig harmlos sind, wenn man nur ausreichend mit ihnen kommuniziert. Wer hatte diesem Gör erlaubt, überhaupt hier zu stehen und wer, bitte schön, hatte ihr genehmigt, diesen Mist zu drucken und zu verteilen! Ich erinnerte mich im letzten Moment daran, dass Frauen und Kinder anwesend waren und schluckte das Sch-Wort, das viel passender gewesen wäre, herunter. Noch während ich nach anderen Worten suchte, kam die Frau daher, die wir nur selten sahen und mit der bisher noch keiner mehr als fünf Sätze geredet hatte. Sie war Witwe, vielleicht sogar geschieden und mit ihrer kleinen Tochter ins Dorf gekommen, wo ihre eigene Mutter lebte. Eine Zeitlang bekamen wir so gut wie nichts von ihnen mit. Sie kamen nicht zu unseren Abenden in der Aufwärmstube der alten Lina, und wir gingen nicht zu ihnen. Und jetzt stand Rotkäppchen, das Enkelkind, da und verteilte Informationsmaterial über die Wölfe!

„Hast du den Verstand verloren? Die Wölfe sind nicht unsere Freunde, sie sind gefährlich, vor allem bei Nacht. Sie sind bestimmt nicht harmlos." Sie schielte mich an und schwieg. „Warum nimmst du dir nicht ein rotes Tuch, schreibst darauf: ‚Hoch lebe die KPD', und gehst wieder nach Hause? Jeder Mensch hat in seinem Leben so eine Kommunismus-Phase, da haben wir Erfahrung. Aber mit Deinen Wölfen kannst du keine Unterstützung von uns erwarten."

Sie ging energisch weiter und redete nicht mit mir. In meinem Kopf liefen die Drähte heiß, denn ihr Verhalten verhieß nichts Gutes. Rotkäppchen heizte die Situation noch weiter an, indem sie neben mir gehend ihr Infomaterial über das Leben mit Wölfen an die Leute verteilte. Ich verlangte von ihr, den Blödsinn zu beenden, aber sie lachte nur. Ich wollte sie festhalten und so lange schütteln, bis sie wieder zu Verstand gekommen wäre, aber sie wich meinem Zugriff geschickt aus. Als ich schon glaubte, keinen Ausweg mehr zu finden, sah ich den stellvertretenden Dorfpolizisten, winkte ihn heran und schickte ihn zu Rotkäppchens Großmutter, in der Hoffnung, dass die dem Spuk ein Ende setzen würde.

Eine halbe Stunde später war er wieder da: „Alles paletti, die Sache läuft. Der Jäger wird einen Wolf betäuben, ihn ins Bett der Großmutter legen, der ihre Klamotten tragen und Rotkäppchen furchtbar erschrecken wird. Wir müssen sie nur noch brav nach Hause bringen.

Die wird nie wieder dummes Zeug über Wölfe verbreiten. Einer von uns sollte sie begleiten, damit nichts schief läuft – kein Ärger, kein Aufstand, keine Demonstration."

Ich hätte hinterher nicht sagen können, an welcher Stelle dieser tolle Plan in Nichts zerrann, denke aber, der Blödmann von Jäger, der sowieso mehr Luft in seinem Kopf hat als ein Schweizer Käse Löcher, hat alles vermasselt, weil er Rotkäppchen am Bett der Großmutter eine Show vorführen wollte.

Ein alter Wolf

Der alte Wolf lag im Schutz von dürren Ästen und Schnee in seinem unbequemen, kalten Bett und versuchte, noch ein wenig zu dösen. Er wusste, dass dieser kalte Wintertag wieder alles von ihm abverlangen würde, um – bestenfalls – eine Maus zu fangen. Sein Magen knurrte vor Hunger, so laut, dass er endgültig davon wach wurde. Seine Gelenke schmerzten, das harte Bett quälte ihn, sein Kopf dröhnte. Wenn der Tag nicht eine einzige Katastrophe werden sollte, dann musste er sich sputen, um etwas in seinen Magen zu kriegen. Also raus aus den Federn und „möglichst schnell, wenn ich bitten darf". Immer, wenn er nervös war, redete er mit sich selber – und das war wieder so ein Moment. Gut, dass niemand dabei war, der ihn später würde hänseln können.

Vorsichtig öffnete er erst das rechte Auge, dann das linke. Seine Gelenke knarrten wie eine alte Tür, die nicht mehr ordentlich im Türrahmen saß. Er blinzelte in die kalte Morgensonne, die noch nicht wärmte und schnupperte, ob es denn schon etwas zu essen gäbe. Nichts! Er wollte sich schon wieder umdrehen und weiterdösen, als ihm plötzlich klar wurde, was er gerade übersehen hatte in der Hoffnung, dass alles in Ordnung sei. Nichts war in Ordnung! Er war allein, die anderen vom Rudel hatten ihre Drohung wahr gemacht und waren abgehauen.

„Du bist uns nicht lästig", hatten sie gesagt, „noch nicht, aber du bist zu langsam! Und das wird zunehmen. Du wirst ja auch nicht jünger mit der Zeit. Nicht einmal ein altes krankes Reh kannst du noch schnappen, und die Wolfskinder haben immer Hunger. Du kommst immer als Letzter, setzt dich hin und schlingst alles, was dir vor die Pfoten kommt, herunter und hast nichts dabei für unseren Tisch. Wenn du wenigstens unterhaltsam wärst oder die Kinder hüten könntest. Aber nein, das ist dir zu popelig. Was soll denn aus den Kleinen werden, wenn sie sehen, dass du mit deinem Verhalten durchkommst, während sie sich bemühen, auch mit dem kleinsten Stück Fleisch, das sie erjagt haben, den Hunger des ganzen Rudels zu lindern. Du warst zu lange in der Nähe der Menschen, das hat dich eingelullt. Du glaubst, man könnte sein Leben mit Abfällen aus den Mülltonnen fristen. Und deshalb bist du für das Rudel nur noch von geringem Wert."

„Aber ich gebe mir doch die größte Mühe", hatte er ihnen geantwortet; „versucht doch mal gerecht zu sein!" „Ja", hatten sie zugestanden, „du gibst dir große Mühe, aber es reicht nicht. Es reicht nicht, um das Rudel gesund und geschlossen über die Meerengen, über reißende Flüsse, schlechte Wege und durch dunkle Wälder in den Norden zu bringen, wo das Leben zwar hart ist, aber gemeinsame Anstrengungen des Rudels uns durch den Winter bringen."

Dem alten Wolf wurde schlecht vor Angst. Ja, er war alt, aber auch alt genug, um zu wissen, dass er ohne sein Rudel nicht weit kommen würde. Nicht mal die Großmutter von dieser Göre Rotkäppchen fürchtete sich noch vor ihm. Im Gegenteil, sie lachte, wenn er um ihr Haus herum schlich, damit er nur ja mit bekam: Sie hatte wirklich keine Manschetten vor ihm. Sie war Mitglied eines Wolfschutzkomittees und kannte sich mit den Schwächen eines Wolfes aus.

Bei dem Gedanken an Rotkäppchen stieg ihm das Blut in den Kopf, nicht aus Vorfreude auf einen leckeren Biss, sondern aus schlotternder Feigheit. Schon allein ihre Kleidung verwirrte ihn: Rotes Käppchen, gestärkte weiße Schürze, blütenweiße Strümpfe, sauber geputzte Schuhe. Sie würde wie immer durch den Wald gehen, vor sich hin trällern und sich Zählreime vorsagen. Jetzt, wo er allein war, ohne den Schutz seines Rudels, musste er doppelt und dreifach aufpassen.

Rotkäppchen zeigt überhaupt keine Angst, ist frech, vorlaut, angriffslustig. Ein Stachel im Fleisch des alternden Wolfs. Wie das Bild vom kleinen zarten hilflosen Mädchen entstehen konnte, das ein Wolf schon durch seine bloße Anwesenheit verängstigt, war und blieb ihm ein Rätsel. Das kleine Luder strotzte vor Selbstbewusstsein, freute sich am Gewitter und ging mal wieder allein und unbegleitet von einer Anstandsdame durch den Wald zu ihrer Großmutter. Wenn er an ihren Korb dachte, wurde ihm schlecht. Eine Flasche Wein und einen Kuchen für die zahnlose, kranke Oma. Wein! Labberiges Zeug, und dann der Kuchen! Kein Fleisch, nur Mehl und Wasser. Nichts, um die Zähne daran zu wetzen.

Er schlich sich näher an Rotkäppchen ran, stets sorgfältig darauf bedacht, ihr nicht zu nahe zu kommen. Er lief mit gefletschten Zähnen an ihr vorbei. Doch sie lachte nur schallend, hievte ihren vollgestopften Esskorb von der rechten auf die linke Hüfte und fragte teilnahmsvoll: „Geht es dir nicht gut, du armer, alter Wolf? Geht es dir nicht gut? Gut? Gut?“

Es war ganz offensichtlich: Sie betrachtete das alles aus ihrer Perspektive als höchst amüsant und unterhaltend. Sie ging unbeirrt mit festem Schritt durch den Wald, zur kranken Großmutter, hielt nicht ein einziges Mal inne und beobachtete den völlig verstörten Wolf aus den Augenwinkeln. Sie trällerte ein paar Jägerburschenlieder und zeigte deutlich, dass sie überhaupt keine Angst vor ihm hatte.

Als der Wolf plötzlich im Bett einer alten Frau erwachte, eingezwängt in Rüschenkleidchen, die penetrant nach Kölnisch Wasser stanken, wusste er gar nicht mehr, wie ihm geschah. Was war passiert? Und warum brüllte Rotkäppchen den Mann mit der grünen Lodenjacke an? „...nicht artgerecht! Tierquälerei! Quäle nie ein Tier im Scherz...“ Der Wolf konnte sich auf diese Empörung keinen Reim machen und ließ sich völlig entkräftet in die Kissen sinken.

Alt, hungrig, machtlos – selbst der Kuchen wäre ihm jetzt willkommen gewesen. Doch Rotkäppchen machte seine Demütigung perfekt: Sie wollte dem alten, einsamen Wolf im Gartenhäuschen ihrer GroßmutterAsyl gewähren, weil er doch ohne sein Rudel keine Überlebenschancen hätte, und weil ja jeder sehen könne, wie schlecht es ihm ging. Am liebsten hätte er sie in einem Satz verschluckt. Doch ihre verdammten Zöpfe würden in seinem Rachen hängen bleiben. Er würde würgen und husten und dann würde man ihn womöglich doch wieder in die Kälte hinaus jagen.

„So weit sind wir also gekommen mit dem Schutz gefährdeter Tiere", knurrte der alte Wolf vor sich hin. Man kann halt nicht alles haben: Ein wildes Wolfsleben und mittags pünktlich ein Fressen im Napf und alles auch noch hübsch angerichtet.

UM GOTTES WILLEN !!
DER ARME WOLF !
RUFEN SIE SOFORT
EINEN TIERARZT,
SIE SCHINDER !!
BUTZ

Das tapfere Schneiderlein

Ein Zeitzeuge: der Stadtschreier

Ich sage Euch, wir brauchen das Handwerk, die gut ausgebildeten kleinen Unternehmer. Wir müssen auch etwas für sie tun. Aber unser Dorf-Schneiderlein war schon eine echte Landplage. Er arbeitete fleißig, hatte eine tüchtige, aber eher dümmliche Frau, einen aufgeweckten Sohn, eine eitle Tochter und einen Gesellen, der nichts hörte, nichts sah und nichts verstand. Unser Schneiderlein ging zu allen Veranstaltungen der Innung. Er schnackte viel, wenn der Tag lang war, aß gern Süßigkeiten und war eigentlich ein Dummbeutel. Aber er war ein guter Bürger unserer Stadt, bezahlte pünktlich, was zu zahlen war und ging öfter mal ein Bier trinken. Und am Sonntag ging er zur Kirche. Er war, wie man zu sagen pflegt, ein ordentlicher Bürger. Ich kann nichts Nachteiliges über ihn sagen, außer dass er eine selbstgefällige Nervensäge war.

Die Frau

Wenn Sie sich ganz vorsichtig umdrehen und da drüben das Schaufenster beobachten, dann sehen Sie meinen Mann – das tapfere

Schneiderlein. Das ist der, der „Sieben auf einen Streich" erledigt hat, als die auf ihn losgingen. Doch, doch, ich weiß um seine Tapferkeit. Er verteidigt uns, wenn wir bedroht werden, er ernährt uns, und er bringt den Kindern Geschenke mit. Hin und wieder bekomme ich von ihm ein Stück Stoff oder Spitze. Auch wenn die Spitze, die er kauft, kleinere Fehler haben sollte, schneidert er daraus einen perfekten Kragen und bringt damit die anderen Frauen auf den Geschmack. Dann wollen alle ein solches Krägelein. Er kennt die Wünsche seiner Kunden und verhilft uns damit zu einem gewissen Wohlstand.

Ob ich Ihnen erzählen kann, wie sich das zutrug damals – mit den "Sieben auf einen Streich"? Ich würde es ja gerne, schon weil ich die Tapferkeit meines Mannes bewundere. Aber es ging alles so schnell, dass ich Mühe habe, mich an die Einzelheiten zu erinnern. Ich bin ja auch nur ein schwaches Weib, das sich nicht in den Vordergrund drängelt. Ich weiß schließlich, was sich schickt.

Der Mann

Ich war in der Werkstatt, weil ich noch etwas zu erledigen hatte. Meine Frau hatte mir gegen den ersten Hunger ein Küchlein mitgebracht und unterwegs noch ein süßes Mus gekauft. Das schmeckte köstlich, aber ich musste aufpassen, dass nichts davon auf den neuen Stoff tropfte. Deshalb überwachte ich den Tisch, auf dem ich wie immer im Schneidersitz saß und ließ meine Gedanken schweifen. Da plötzlich, ich erinnere mich noch gut, dass ich vor Schreck aufgeschrien habe, kam eine Horde von ihnen auf mich zu und bedrohte mich. Ich nahm meine Elle, hielt sie fest wie ein Schwert und schrie ihnen zu, sie sollten sofort verschwinden. Sie meinten wohl, ich wisse mich nicht zu wehren. Sie aber blieben im Laden und kamen mir bedrohlich näher. Da schlug ich zu… Als ich die Toten zählte, waren es sieben. Meine Frau, die zugegen war, half mir dann, meinen Gürtel mit dem stolzen Satz zu besticken: „Sieben auf einen Streich!“

Die Frau

Also, ich war in der Werkstatt meines Mannes, weil ich Großreinemachen vorhatte. Mein Mann, der Schneider- und Innungsmeister hatte noch ein Wams für den Senator zu Ende zu nähen. Das würde länger dauern, denn das war kein Stoff zum Hudeln, das war Qualität, die sorgfältig behandelt werden musste. Der Senator ist ein umgänglicher Mann, aber er verlangt gute Arbeit für sein Geld. Mein Gott, wo führen meine Gedanken und Erinnerungen mich bloß hin. Also, ich war in der Abseite, wo die Stoffe lagern. Da hörte ich auf einmal, wie mein Mann auf einmal donnernd rief, die Bande möge zum Teufel gehen. Er wisse sich, seine Familie und sein Hab und Gut zu beschützen. Dann rief er nach mir, ich solle ihm helfen, die Toten zu zählen: Sieben waren es! Er hat nicht übertrieben. Sie können unseren Sohn fragen, der ist Lehrling – und er war auch anwesend.

Der Sohn

Also, ich war gekommen, um dem Herrn Vater zu helfen, das besonders wertvolle Wams für den Herrn Senator zu Ende zu nähen. Ich wollte gerade los, um beim Straßenhändler noch ein wenig Mus zu kaufen, da kam meine Mutter keuchend hinter mir her. Sie holte erst mal tief Luft und sagte dann: „Stell dir vor, dein Vater hat sieben auf einen Streich erledigt. Ich bin so stolz auf ihn.“ Ja, ich bin auch stolz auf ihn. Mein Vater genießt hohes Ansehen in unserer Stadt. Solange mein Vater lebt, brauchen wir uns keine Sorgen zu machen.

Der Geselle

Da kommen sie also, die drei und schauen mich erwartungsvoll an, was ich zum Lobe des Meisters beitragen könnte: nichts, nichts und nochmals nichts! Sie blasen sich immer auf, sie loben sich gegenseitig, sie verdrängen die Wahrheit. Sie sind so froh wie der Mops im Paletot, wenn sie eine Wanze im Gewande aufspüren und zerdrücken können. Darüber reden sie dann mindestens vier Wochen lang.

Als der Chef Innungsmeister wurde, hat er sich selbst mit „Sie" angeredet – und seine Frau hat sich vor ihm verbeugt. Seine Sorge für die Familie besteht darin, seine Mindestpflichten zu erfüllen, damit es keinen Ärger mit den Innungsmitgliedern gibt, die streng über die Einhaltung gewisser Regeln wachen. Er flüchtet mit klagendem Wehgeschrei, wenn sich im Sommer eine torkelnde Wespe in die Werkstatt verirrt. Mutproben, die er begangen haben soll, sind mir unbekannt. Ach, ihr meint die „Sieben auf einen Streich".

Ja, das müsst ihr Euch so vorstellen: Die Frau hat ein Küchlein und süßes Mus mitgebracht und auf einen Teller gelegt. Die Fenster stehen offen und herein kommen die ersten Fliegen. Lästiges Pack, aber nicht gefährlich. Der Meister versucht erst, sie mit einem Handtuch weg zu wedeln, aber sie kommen immer wieder und setzen sich auf das Mus, wo sie kleben bleiben. Da holt er die Fliegenklappe, ein Schlag – und sieben sind tot.

Sieben Fliegen, um die er einen Buhei macht, als ginge es darum, Siegfried, Tarzan, King Kong und andere Größen der Weltgeschichte nieder gemacht zu haben. Und ich soll Euch was zum Lobe des Meisters sagen?

NACH DEM AUSSTERBEN VON RIESEN UND EINHÖRNERN UND DER ABSCHAFFUNG DER MONARCHIE KAM FÜR DAS TAPFERE SCHNEIDERLEIN DER SOZIALE ABSTIEG.

Rumpelstilzchen

Eine Zeitzeugin: die Magd

Ich arbeite nun fast schon ein halbes Leben als Küchenmagd beim Müller unseres Dorfs. Er ist zwar ein bisschen komisch, weil er immer glaubt, er sei nicht blöd, sondern klug, aber das ist nicht das Hauptproblem. Das Hauptproblem besteht darin, dass er schnackt und schnackt und schnackt. Und so viel schnackt, dass einem der Kopf wirbelt. Er weiß alles und alles besser. Und wenn er mit dröhnender Stimme mit Fremden spricht, die eigentlich nur nach dem Weg fragen wollten, dann hat man das Gefühl, er erklärt ihnen gerade die Funktionsweise des Universums. Wir vom Gesinde und seine Tochter versuchen, uns eher unsichtbar zu machen, was uns meist auch gelingt. Aber das eine Mal, als wir nicht Acht gaben, sollte das aufregende Folgen haben.

Die Müllerstochter

Bis vor kurzem war mein Leben noch einfach und überschaubar. Ich lebte bei meinem Vater, dem Müller, und machte mir wenig Sorgen darüber, was morgen sein könnte. Wir waren nicht richtig reich, aber wir hatten Linnen im Haus und zwar in einer Menge, dass niemand zu spotten wagte. Wir konnten ordentlich und gut essen, brauten unser eigenes Bier, und wärmende Wolle für den Winter hatten wir auch ausreichend. Dann aber eines Tages – ich erinnere mich noch daran, dass die Sonne schien – kam ein König daher, einer von der Sorte mit lüsternem Blick, der sich dauernd die Lippen leckte.

Mein Vater, dieser Schnacker, prahlte mit meinen Kunstfertigkeiten: Ich könne aus Stroh Gold machen. Natürlich war das eine Nachricht von kaum zu überbietendem Sensationswert. Leider ist sie nicht wahr. Doch ehe ich den Gedanken zu Ende denken konnte, am Pranger zu landen, weil Stroh nun mal Stroh ist und bleibt und weil wir den König belogen hatten, wurde ich in eine Kammer eingeschlossen, die vollgestopft war mit Stroh und wo ich mit meinen Fähigkeiten den reichen König noch reicher machen sollte.

Ich habe seit längerem eine Heu-Allergie und brauche nur fünf Minuten, um beim Anblick eines Strohballens zu zerfließen. In diesem Zimmer gab es ungezählte davon – und prompt ging's los. Meine Augen röteten sich, meine Nase bekam die Farbe einer reifen Tomate und mein Hals zog sich zu. Ich bekam kaum noch Luft, nahm eines der Linnentücher, um mir die Nase zu putzen. Ich erspare euch die Einzelheiten, aber innerhalb kürzester Zeit war das Tuch quietschnass.

Der Müller

Ich weiß nicht, warum die sich immer so aufregen. Das Leben in diesem Kuhkaff ist doch so schon nur schwer zu ertragen. Gott sei Dank fällt mir immer ein Scherz ein, der das Ganze aufheitern kann. Und eigentlich war ich auf meine Idee mit der „Gold-aus-Stroh-Masche“ richtig stolz. Doch dieser Blödmann von König nimmt das wirklich ernst. Ich weiß nicht, was ich nun tun soll und zieh mich erst mal strategisch zurück. Meine Tochter schickt mir einen mörderischen Blick zu. Sie scheint mich nicht mehr zu lieben. Noch ein schwerwiegender Grund, abzuhauen?

Die Tochter

Ich sage Euch: Ich liebe meinen Vater, aber es gibt Augenblicke, da könnt ich ihn erwürgen. Ich heulte Rotz und Wasser. Dies war ein solcher Moment, und es gab kein Davonkommen. Muss er denn immer solch einen Blödsinn erzählen, der uns nichts als Ärger bringt, insbesondere mir? Das ist eine Art von Mobbing, die nur schwer zu ertragen ist.

Mein Vater kam womöglich ungeschoren davon, doch was würde jetzt mit mir passieren? Ich konnte nicht zum Tanz, weil ich spinnen musste. Meine Hände fühlten sich schon an wie ein Reibeisen. Ich war verzweifelt. Da öffnete sich plötzlich die Tür. Ein kleines steingraues Männchen trat herein und fragte mich, warum ich denn so bitterlich weine und ob es mir helfen könne.

Wenn es nicht so dringlich gewesen wäre, hätte ich mich kaputt gelacht. Aber ich brauchte unbedingt Unterstützung und bot dem kleinen Mann ein Schmuckstück gegen seine Hilfe an. Es klappte: Der Kurzbeinige rüttelte hier, kratzte da und schwuppdiwupp, Abakadabra lag in der Scheune barrenweise Gold, mehr als ein Mensch je in seinem Leben würde gebrauchen können.

Für den König jedoch war es jedoch nur die Vorspeise. Kaum hatte er das Gold gesehen, wollte er mehr und mehr. Er taumelte wie im Rausch. Und ehe ich mich versah, hockte ich in einer größeren Scheune und tätigte das zweite Geschäft mit dem alten Männlein.

Beim dritten Mal hatte ich keinen Schmuck mehr. Da wollte das Männlein von mir das Versprechen, mein erstes Kind zu bekommen, wenn ich einmal ein eigenes haben würde.

Ich muss wohl den Verstand verloren haben, denn statt den Wicht mit einem Eimer kalten Wassers vom Hof zu jagen, willigte ich ein. Ich wollte mich selber glauben machen, es würde schon alles gut gehen.

Der König heiratete mich, nicht aus Liebe, sondern weil ich für ihn interessant war: Ich konnte ja schließlich Gold spinnen, glaubte er wenigstens. Er hätte mich auch geheiratet, wenn ich schielen würde, einen Buckel oder Ausschlag hätte. Und ich verdrängte meine Erinnerung an das alte, steingraue Männlein, das mir geholfen hatte.

Wie das halt so ist: Kaum waren wir verehelicht, wurde ich schwanger. Drei Tage nach der Geburt, ich lag noch im Bett, in meinen Armen das niedlichste Baby der Welt, da kam dieser Teufelsbraten von hässlichem, Abscheu erregenden grauen Männlein herein: Er forderte mich auf, mein Versprechen einzulösen!

Ich versuchte zunächst, ihn im Verhandlungswege von der Idee abzubringen. Geld hatte ich jetzt ja genug. Ich hätte seine materiellen

Wünsche erfüllen können. Aber er wollte etwas Lebendiges: das, was ich ihm versprochen hatte, mein eigenes Kind.

Ich weinte so sehr, dass alle im Schloss zusammen gelaufen kamen, um zu hören, was sich denn in meinem Zimmer abspielte. Ich flehte, bettelte und schrie. Daran erinnere ich mich. Aber ich weiß bis heute noch nicht, was schließlich sein Herz erweichte.

Was er mir dann erzählte, mochte ich zunächst nicht glauben: Seine Frau wünsche sich schon lange vergebens ein Kind, doch alle Methoden moderner ärztlicher Kunst würden bei ihr nicht anschlagen. Deshalb brauche er ein Baby, damit sie wieder glücklich würde und bei ihm bliebe.

Ich vermochte mir nicht vorzustellen, welche Frau es denn an seine Seite verschlagen haben mochte. Doch in meiner Verzweiflung erzählte ich ihm von all den Stars, die in fortgeschrittenem Alter noch Mutterfreuden erlebt hatten. Er sah mich flehend an, gestand mir aber nach elend langen Verhandlungen zu, das Kind behalten zu dürfen, wenn ich seinen Namen erraten würde.

Gütiger Himmel hilf! Dieser Mann war eigentlich eine Witzfigur. Und wie sein Namen lauten könnte, dazu wollte mir beim besten Willen nichts einfallen. Außer, dass er vielleicht so heißen konnte, wie er aussah. Er war hässlich wie ein Nashorn: grau, faltig, mit kleinen boshaften, tränenden Augen. Ein gebräuchlicher Name konnte das schon mal auf keinen Fall sein.

Ich versuchte seine Geldbörse zu stehlen, um so seinen Namen zu finden. Ich ging im Geiste die Schlager-Hitlisten durch, besah mir auch alle Fußballmannschaften, weil ich wusste, dass Fußballer manchmal ulkige Namen haben. Aber nichts von alledem brachte mir die nötige Erkenntnis.

Ich erbat mir mehr Zeit und schickte dann unsere Diener hinaus in die Welt. Sie kamen zurück mit den abenteuerlichsten Namen; doch keiner stimmte. Wenn das Männchen dann bei unseren Treffen von Schadenfreude getrieben um die Feuerstelle tanzte, weil ich schon wieder falsch getippt hatte, dann hätte ich es in den Brunnen stoßen können.

Eines Tages, ich hatte die Hoffnung schon fast aufgegeben, kam einer der am weitesten gereisten Boten zurück. Was er zu berichten hatte, klang viel versprechend: Er hatte am Ende der Welt in einem elenden Vorgarten eines elendigen Häuschens ein steingraues Männlein gesehen, das um ein Riesenfeuer herumsprang und vor sich hin murmelte, lachte und schrie. Der Inhalt seiner Verse war für den Boten nur schwer zu behalten, weil er die Hälfte nicht verstanden hatte. Aber es ging um ein Königskind und einen triumphierenden Gesang: „Ach wie gut, dass niemand weiß, dass ich Rumpelstilzchen heiß."

Blöde Namen sind ja schon eine echte Strafe. Aber Rumpelstilzchen, das war noch doofer als alles, was ich bisher gehört hatte. Obgleich ich zugeben muss, zu diesem Gnom passte der Name – irgendwie. Er stach auch von allen anderen Namen ab. Aber es war ein lächerlicher Name. Und ich wollte um keinen Preis, dass mein niedliches Baby mit ihm und diesem Namen irgendetwas zu tun hätte. „Rumpelstilzchen" – das machte den Träger zu einer tragischen Figur, ein Name, über den man nicht einmal lachen konnte.

Doch jetzt meinte ich plötzlich zu verstehen, warum diese Ehe kinderlos geblieben war: Wenn seine Frau auch nur halbwegs bei Verstand war, konnte sie nur hoffen, dass der Name zusammen mit ihrem garstigen Mann recht bald ausstürbe, dann musste der liebe Gott ein Einsehen haben und den Wunsch nach Kindern ablehnen. Es mochte ja sein, dass sie sich einst von seinen Fähigkeiten, Gold aus dem Nichts herbeizuschaffen, hatte blenden lassen. Doch dies kann keine Frau für alle Zeiten über einen wahrhaft abscheulichen Mann hinwegtrösten.

Ich platzte beim nächsten Besuch des Männchens nicht gleich mit dem Namen heraus, das erschien mir zu gefährlich. Ich versuchte stattdessen eine lange Liste. Und jedes Mal, wenn ich einen (falschen) Namen nannte, gackerte er voller Hohn: Das sei sein Name nicht!

Aber als ich ihn nach diesen Umwegen dann endlich fragte, ob er Rumpelstilzchen heiße, rastete er aus: „Das hat dir der Teufel verraten", schrie er, Schaum vor dem Mund. Und vor Zorn stieß er seinen Fuß so tief in die Erde, dass er seinen anderen Fuß packen musste – und sich so buchstäblich in der Mitte zerriss.

Ich sag Ihnen, mir wurde heiß und kalt zugleich. Doch ehe ich mich versah, lagen in meinem Schlafzimmer zwei Hälften des ein und selben Mannes. Es ist schon schwer genug, dem eigenen Ehemann zu erklären, wie ein fremder Mann ins Schlafgemach kommt. Nun aber gleich deren zwei. Und dann auch noch tot und in zwei Teilen.

Ich war zu schwach, die Überreste selber zu beseitigen, aber weg mussten sie. Ich bat die Zofe, alles zu beseitigen, es solle ihr Schaden nicht sein. Sie willigte ein als sie hörte, was ich ihr für diesen Dienst bezahlen wollte. Sie brachte die zwei Teile auch äußerst diskret aus meinem Gemach, aber dann kam sie wieder und wollte mehr Geld, als ich ihr zugestanden hatte. Das Männlein sei zwar von kleinem Wuchs gewesen, aber doch ziemlich schwer. Ich musste mir etwas einfallen lassen. Und ich ließ mir was einfallen.

Drei Jahre später

Ich habe jetzt eine neue Zofe. Rumpelstilzchens Witwe konnte Unterstützung gut gebrauchen, schließlich hat sie mit ihrem neuen Mann, einem begüterten Landadligen, bereits drei Kinder und Zwillinge sind unterwegs. Da habe ich ihr mein Mädchen zur Verfügung gestellt, die kann so schnell nichts erschüttern.

Mein Vater, der Müller, ist zu uns gezogen, um mich vor Geldabschneidern zu beschützen, wie er sagt. Der König vertraut ihm, weil er sich selbst ja nicht zu den Geldabschneidern zählt und auf Vaters Händchen für die Geldbeschaffung baut. Das Kindlein wickelt alle um den kleinen Finger. Und wenn Sie mich nach Rumpelstilzchen fragen, ich wüsste nicht einmal mehr, wie er aussah, dieser Giftzwerg, diese Zwacke, dieser Unhold, dieser..., dieser..., dieser Schuuuuft!

HIER RUHT
RUMPEL STILZCHEN
BUTZ

Frau Holle

Die Frau in den Wolken

Ich weiß wirklich nicht, warum die mir immer von da unten ohne Vorwarnung ihre unnützen Töchter schicken. Man ahnt nichts Böses, reinigt das Haus, fegt die Fliesen, putzt die Fenster, wäscht die Wäsche jeden Tag – ja, Sie haben richtig gehört: jeden Tag – öffnet die Fenster, um ein wenig zu verschnaufen – und da steht schon wieder eine, nass wie eine Katz, klappernd vor Kälte, nicht passend bekleidet und sieht mich mit Mitleid erregenden aufgerissenen Augen an.

Manchmal sind es wirklich junge Dinger, mit denen man Mitleid haben kann. Manche allerdings tun nur so als ob, sind faul wie die Sünde, kommen morgens nicht aus dem Bett und maulen und krakeelen den halben Tag. Die mag ich nicht, weil sie für mich nur zusätzliche Arbeit bedeuten. Sie wollen Geld und einen Aussteuerkorb, um heiraten zu können. Aber sie wollen nicht arbeiten und interessieren sich für nichts außer ihrem Aussehen. Sie stehen dann stundenlang vor dem Spiegel und rühren keinen Finger, um etwas zu lernen. Doch dann erwarten sie Geld, Gold und Geschenke. Offenbar verstehen weder sie noch ihre Eltern das geltende Prinzip: Etwas zu leisten, um etwas zu bekommen; die guten Dinge zu ehren und den Ramsch gar nicht erst ins Haus zu lassen.

Vor nicht langer Zeit aber war eine junge Frau hier, fleißig, bescheiden und ohne Widerworte. Eine Frau, wie sie sein sollte. Sie hat viel geschafft, und deshalb war es mir eine Freude, sie durch einen Goldregen zu führen und dafür zu sorgen, dass ausreichend Gold an ihrem Kleid kleben blieb. Doch die Letzte, die vor drei Tagen nach nur kurzem Aufenthalt wieder nach Hause ging, behauptete, sie wären Schwestern.

Als sie im Garten vor meinem Haus stand und mich um Hilfe bat, da merkte ich schon an dem hochnäsigen Unterton in ihrer Stimme, dass sie eine verwöhnte Blage war, zumindest ein unwissendes und uninteressiertes junges Ding. Schnell sprach sich bei meinen Leuten herum, dass sie nicht nur verwöhnt, sondern obendrein auch noch impertinent und dummdreist war, vor allem dann, wenn sie nervös wurde. In einem einzigen kurzen Gespräch verriet sie mir – weil die dumme Liesel nicht wusste, wer ich war – dass sie nur gekommen sei, um wie ihre Schwester Gold abzuholen, und zwar reichlich. Ihre Mutter habe sie dafür in den vorgesehenen Brunnen gestoßen, der in ihrem Dorf steht, damit sie wie ihre Stiefschwester bei Frau Holle (bei mir!) ankäme.

Ich wusste nun, warum sie so tropfnass gewesen war. Aber ich verstand nicht, wieso sie nicht wusste, dass niemand ihr irgendetwas nachwerfen würde, sondern dass sie eine Leistung erbringen musste.

„Ja, aber dafür musst du doch etwas tun. Du kannst nicht erwarten, dass dir eine gebratene Gans in den Hals fliegt." Ich stotterte schon wegen ihrer Dreistigkeit. „Ich weiß, ich weiß" schnitt sie mir das Wort ab und schien völlig vergessen zu haben, dass man als junges Mädchen Anstand und Sitte im Umgang mit Erwachsenen zu üben hat. „Man findet immer einen Trottel, der einem partout helfen will. Da mach ich mir keine Sorgen. Mein Batzen Gold wird größer als der meiner Stiefschwester sein. Und mein zukünftiger Mann viel schöner als der ihrige." Ich gebe gern etwas ab, aber nicht an jede und jeden. Ich brauche Gewissheit, dass man damit pfleglich umgeht.

„Warum bist du hier?" wollte ich daher von ihr wissen. „Weil meine Mutter mich geschickt hat. Und wenn ich ohne Gold wiederkomme, dann muss sie halt alles von meiner Stiefschwester wegnehmen, denn Putzmamsell will ich nicht sein." Der böse, ordinäre Zug um ihren Mund war ausgeprägt hässlich. „Ich bin ja nicht so blöd wie meine Schwester, diese Pute."

Das Mädchen war nicht nur faul wie die Sünde und drückte sich vor jeder Arbeit. Sie kannte auch keinen Stolz und hatte keinen Geschmack. Und sie war gierig. Sie strich um meine Füße wie eine Katze, wagte aber noch nicht, nach dem „Zaster" – nach Geld – zu fragen. Ich mochte sie nicht und wusste, dass sich das nie ändern würde.

Ich beherrschte mich aber und ließ das Mädchen nur ganz wenige, überschaubare Aufgaben machen. Ich war bereit ihr zu glauben, dass sie eine Einarbeitungszeit brauche. Später würde ihr vielleicht alles leichter von der Hand gehen. Nach ein paar Tagen wusste ich aber, dass ich diesen Traum vom guten Willen des Mädchens begraben musste. Vielmehr konnte ich sicher sein, sie spätestens nach einer halben Stunde auf dem Sofa zu sehen, ein Groschenheft in der Hand, mit Stielaugen im Gesicht und einem Teller mit Keksen vor sich auf dem Tisch. Am dritten Tag dachte ich, ich bekomme Herzrasen, wenn ich ihr noch lange zuschaue und bat sie, mir wenigstens vorzulesen.

Ich schwöre Ihnen, wenn man dieses verflixte Gör gefragt hätte, was sie da vorliest, sie hätte es nicht sagen können. Es interessierte sie nicht im Geringsten. Auch meine Hoffnung, sie würde vielleicht lieber im Freien arbeiten, als im Haus, hat getrogen. Sie machte eigentlich gar nichts, weder drinnen noch draußen. Sie schüttelte auch nicht die Betten aus, denn sie ahnte nicht einmal, dass die Flocken die Grundlage der Belohnung ihrer Schwester waren.

Die schwarze Schwester

So war das also: Die Alte, schlecht gelaunt und verkniffen, brauchte eine billige Hilfskraft, um sich einen gemütlichen Lenz zu machen. Dafür spielte sie dann die Großzügige, schüttelte ein wenig Schnee aus den Wolken und alle sind's zufrieden.

Meine Mutter hatte mir ihren tollen Plan eigentlich ganz anders verkauft: „Mach's wie deine Schwester, glätte dein Haar, lackier die die Nägel, lächle süß und mach dich bei der Alten beliebt. Wozu denn sich mit einer langen Ausbildung quälen und sich tagein, tagaus krumm machen? Wenn du's nur richtig anstellst, werden wir alle satt und reich. Du lässt dich mit Gold überschütten, um die Werbeverträge und deine Auftritte nach deiner Rückkehr will ich mich schon kümmern."

Die Leute, mit denen ich hinterher darüber geredet habe, sagen mir, ich hätte einen Kompromiss eingehen sollen, dann hätte ich heute Geld wie meine Schwester. Aber das konnte die Alte sich abschminken. Ich mache doch keine Drecksarbeit, und ich mache keine Zugeständnisse. Schau'n wir doch mal: Mir geht es auch so gut, meine Mutter kümmert sich um alles, was wir brauchen. Sie jammert zwar und ächzt und stöhnt, aber ich liege lange im Bett, bekomme meine Schokolade und auf das dumme Geschwätz, dass ein guter Job glücklich macht, höre ich nicht, solange man mir keinen anbietet. Meine Lösung ist die beste für mich. Ja, wenn ich in einer angesagten Boutique, in der Werbung oder beim Fernsehen arbeiten dürfte, dann wäre das etwas anderes.

Frau Holle

Am Ende schmiss ich sie raus und führte sie zweimal unter dem Tor durch. Da, wo das Pech langsam auf sie runter tropfte. Hier, an dieser Stelle, war ihre Schwester reichlich mit Gold beschenkt worden. Aber die war ja auch von ganz anderem Kaliber. Die hatte geholfen, als die Äpfel reif waren und gepflückt werden mussten. Die hatte das Brot aus dem Ofen geholt. Die kochte den Tee nach der Arbeit, die half in der Küche. Ihre Stimme war angenehm und freundlich, ihre angebotene Hilfe zurückhaltend.

Ich hatte versucht, dieses gute Benehmen auch ihrer Schwester beizubringen, aber das war unmöglich. Die verweigerte sich einfach und wollte von Gegenleistungen für den Reichtum, den sie erwartete, nichts wissen. „Ja, ja Oma", sagte sie. „ich hab das jetzt geschnallt. Nun lass mal die Reichtümer rüberwachsen!"

Sie ging nahezu trunken vor Freude durch meinen Garten nach Hause, weil sie glaubte, mit glänzendem Gold überschüttet worden zu sein. Doch als ihre Mutter sie sah, schrie die wie am Spieß. Überall hinterließ das Mädchen schwarze klebrige Flecken. Da rannte die Schwarzklebende wie ein Irrwisch durchs Haus, aber nichts konnte sie von dem ekelhaften Zeug befreien. Es war kein Gold, das an ihr klebte, es ist kein Gold, und es wird nie Gold werden. Sie hat die Sache einfach vergeigt. Sie hat ihre Chancen nicht genutzt. Jetzt, wo das Kind im Brunnen liegt, jetzt will sie alles besser machen. Aber jetzt ist es zu spät.

Die Mutter

Unser Hahn schrie, als er sie sah: „Kikeriki, kikeriki, unsere schmutzige Jungfrau ist wieder hie!“ Bei dem Goldkind hatte er die Heimkehr in den höchsten Tönen begackert. Blödmann, Schleimer! Mir blieb nichts anderes übrig, als ihn in den Kochpott zu werfen, wo ihm das Geschrei ganz schnell verging.

Ich aber blieb mit meiner schwarzen Tochter in unserer kleinen Hütte wohnen, denn wir mussten jetzt ja sparen, weil die Goldmarie nichts für sie rausrückte. Am Anfang ging alles noch gut. Meine wirklich faule Tochter, die ich eigentlich liebe, blieb morgens im Bett, aß Schokolade, ließ sich den Tee ans Bett bringen und meckerte, weil der angeblich zu heiß war.

Doch eines Tages, ich war vor Sorgen und Ärger abgemagert wie ein Strich, nahm ich eine Handvoll von dem Teer, dessen Reste ja immer noch überall klebten, und stopfte eine Riesenkugel davon in ihren plappernden, aufgerissenen Mund: Ruhe!

Augenblicklich war Ruhe. Sie würgte und versuchte, das klebrige Zeug aus dem Mund zu kriegen. Sie wollte, dass ich ihr dabei helfe. Nein, diesmal nicht. Das hat sie ihrer überheblichen Art zu verdanken. Sie muss jetzt sehen, wie sie damit zurechtkommt. Es ist schließlich nicht meine Schuld, dass die Alte keine Sinn für Style und Fashion hat und statt dessen lieber Äpfel geerntet haben will und ihr Brot backen lässt.

Für mich begann nun eine schöne Zeit. Es war so ruhig bei uns, wie schon seit Jahren nicht mehr. Ich drehte das Radio auf, suchte einen Sender mit Kuschelmusik und hatte endlich meinen Frieden.

DIE WAHRHEIT ÜBER DEN KLIMAWANDEL.

Der Wolf und die sieben Geißlein

Ein Hütehund erzählt

Ich kann mich gar nicht mehr daran erinnern, wann die riesige Ziegenfamilie zu uns ins Dorf kam. Eines Tages waren sie einfach da – und nichts war mehr so wie früher. Mit den herumlungernden Wölfen hatte man ein Abkommen auf gegenseitigen Respekt geschlossen. Die Details weiß ich nicht mehr. Aber warum auch nicht. Alle waren mächtig stolz auf diese Großtat brüderlicher und schwesterlicher Liebe. Die Wölfe wussten aber eigentlich nicht, was sie taten. Das bedeutete nämlich, dass sie sich nicht mehr ohne Weiteres eine Geiß schnappen und auffressen konnten. Dann gab's Ärger nämlich mit den Autoritäten.

Als Gegengeschäft versprachen die Geißen, tagsüber nicht zu laut zu meckern, damit die Wölfe sich in Vorbereitung auf die nächtliche Jagd ausschlafen konnten – also so eine Art Burgfrieden. Hörte man sich unter den Wölfen um, gab's viel Gebrummel. „Wir müssen ganz schön blöd gewesen sein, einfach bescheuert. Für das bisschen Ruhe haben wir uns nämlich permanenten Hunger eingehandelt. Und außerdem haben wir nicht mitbekommen, dass die Geißen ja den ganzen Tag schlafen, so wie wir, nur aus ganz anderen Gründen. Wir, weil wir von der nächtlichen Jagd müde sind; sie, weil sie sich zu Tode durch den Tag langweilen." Damit ihr seht, wie blöd Wölfe sein können und wie schnell man sie durchschauen kann, erzähle ich Euch gern die Geschichte von dem Wolf, der in seiner Gier sieben junge Geißlein auf einen Schlag verschlang und bitter dafür büßen musste. Nein, ich meine nicht den, der sich mit Rotkäppchen so unsterblich blamiert hat. Ich meine den, der von sieben jungen Geißlein und deren Mutter hereingelegt wurde.

Also: An dem Tag, an dem sich das alles zutrug, regnete es wie verrückt. Ich lag in meiner Hundehütte und guckte mir das Treiben im Ziegenhaus auf der anderen Straßenseite an. Die Kleinen kamen nicht raus zum Spielen und warteten auf etwas Spannendes, das sie aufmuntern könnte. Sie hingen an der Schürze ihrer Mutter und bettelten nach Kuchen (gähn, gähn, öd, öd, schnief, schnief) und glotzten ihre Mutter an, die noch mal schnell weg musste, um ein paar Dinge zu besorgen. Sie gaben vor, sich für ihr ängstliches Gescheuche und das „Tu dies nicht, tu jenes nicht" ihrer Mutter zu interessieren. In Wirklichkeit warteten sie mit Ungeduld darauf, dass die Alte endlich losginge, damit sie an den noch warmen Kuchen kamen und dann vor die Glotze krabbeln konnten. Die Mutter legte einen eng beschriebenen Zettel auf die Kommode, auf dem für alle denkbaren Vorkommnisse passende Handlungsanweisungen standen. Man hätte meinen könne, sie startete eine Weltreise, dabei wollte sie nur ins nächste Einkaufszentrum.

Ach ja, wenn ihr jetzt fragt, wer ich bin, dann sag ich's gern: Ich bin der Hütehund. Normalerweise geht der Job ja, aber wenn die herzigen Kleinen wieder mal vom Teufel geritten werden, dann olàlà. Dann würd ich am liebsten abhauen, aber ich muss ja schließlich auch leben.

Endlich war die Alte weg – und für die Kids die Luft rein. Ich hatte mir vorgenommen, nichts zu sehen, zu hören und zu sagen. Sollten sie doch sehen, wie sie alleine zurechtkamen. Und wenn ihr mich fragt: Blut ist dicker als Wasser. Wir Hütehunde stehen den Wölfen allemal näher als den ewig meckernden Ziegen. Die herzigen Geißlein waren gerade damit beschäftigt, sich Kuchen, Obst und Bonbons in den Rachen zu stopfen, als es ungeduldig am Fenster klopfte. Und was sage ich Euch? Draußen steht unser alter Dorf-Wolf und behauptet, er sei die Muttergeiß.

So doof kann doch niemand sein, dachte ich, um das nicht zu merken, dass das alles ein riesiger Blödsinn ist. Aber die sieben Geißlein waren so aufgedreht, dass man sie auch leicht hätte überzeugen können, vor der Türe stünde Marylin Monroe. Nur die raue Stimme könnte ihnen verraten, dass es nicht ihre Mutter sein konnte. Schließlich hatte die Geißenmutter immer gewarnt, dass der Wolf dafür bekannt sei, allerlei gemeine Tricks anzuwenden, um ins Haus zu gelangen. Selbst vor den schwarzen Pfoten des Wolfs, die er immer versteckte, wenn er Böses vorhatte, hatte sie gewarnt.

Wenn die sieben Nervensägen, wie ich sie nenne, ihren Verstand abgestellt haben, erkennen sie weder Gefahr noch sind sie vorsichtig genug. Manchmal frage ich mich wirklich, was die Alte im Kopf hat. Sie müsste doch wissen, dass man diese verdammten Blagen nicht eine Sekunde unbeaufsichtigt lassen kann. Ich gebe gerne zu, im Notfall werde ich mit denen nicht fertig.

Mal sehen, was jetzt abläuft, dachte ich und legte meinen Kopf auf die Pfoten. Doch, oh Wunder! Die Stimme hatte sie gewarnt. Nun wollte ich es aber wissen. Ich lief über die Straße, legte meine dunklen

Pfoten auf die Fensterbank und verstellte meine Stimme. Man braucht keinen IQ von 145, um zu erkennen, dass dies nicht die Pfoten der lieben Mutti sein konnten. Soweit lief alles nach Plan: Sie ließen mich nicht herein, weil sie dachten, ich sei der Wolf. Alle Achtung, hätte ich den Blagen gar nicht zugetraut.

Doch mir ging es wie den Wölfen, wir sind ja Artverwandte. Ich brauchte schnellstens was zwischen den Zähnen, mir war flau und elend. Ich wollte ins Haus und zum Kühlschrank. Diesmal wollte ich alles richtig machen. Ich spekulierte darauf, dass die Sieben von all der Aufregung hundemüde sein müssten und sich an nichts mehr halten würden, was sie der lieben Mama alles versprochen hatten. Es wurde langsam Zeit, ich konnte das Knurren meines Magens kaum noch ertragen. Also keine weitere Zeit mehr verlieren.

Sorgfältig färbte ich meine Pfoten weiß, legte sie aufs Fensterbrett und flötete, nun sei es wirklich die liebe Mama der Geißlein, die vor der Tür stehe. Und mit meiner eigenen Hütehundstimme bekräftigte ich, könne das bezeugen, schließlich stünde ich ja neben ihr. Ich hätte nicht gedacht, dass die auf einen solch billigen Trick hereinfallen würden. Aber in ihrem benebelten Kopf glaubten sie, was man ihnen sagte und öffneten die Tür. Dumm nur, dass der abgeblitzte Wolf wie aus dem Nichts um die Ecke schoss und sich an mir vorbei ins Haus drängelte. Ich hatte ihn nicht aufhalten können! Ich wollte ja nur an den Kühlschrank. Aber als sie merkten, wer da noch mit ins Haus gekommen war, rannten sie in ihrer Panik kopflos hin und her. Doch jetzt war es zu spät, wie ich mitleidlos dachte. Hätten sie mal auf ihre Mama gehört. Aber sie fanden sich ja so schlau, so schlau. Und nun hatten sie den Kladderadatsch.

Die Kleinen johlten, schrien und machten ein Spektakel, wie ich es noch nie erlebt hatte. Sie suchten nach einem sicheren Versteck. Eines versteckte sich im Schrank, dann unterm Schrank, dann hinterm Schrank. Ein zweites sprang in die Truhe, verjagte dort seinen Bruder, der hinter die Truhe sprang. Überall waren sie, die Geißlein: in den Möbeln, unter den Möbeln, hinter den Möbeln, neben den Möbeln. Sie versuchten zu knurren, blökten laut und bedrohlich, damit der alte Wolf glauben sollte, sie wären kleine Tiger, Löwen oder was ähnliches. Da sie aber zwischendurch immer wieder über ihre aufgedunsenen Bäuche stolperten, waren sie leichte Beute, und sie verdienten es ja auch nicht besser.

Was würdet ihr in einer solchen Situation machen? Ich sag es euch: Jeder, der nur ein bisschen Grips im Kopf hat, würde sich mucksmäuschenstill verhalten und einen strategischen Ausweg suchen, der genügend Zeit ließe, um in eine sichere Ecke des Hauses zu gelangen. Ich würde versuchen, schnell Hilfe zu organisieren und mich an den Hütehund halten. Und alle Essensvorräte anbieten, damit nicht der schiere Hunger mich dem Wolf ausliefern würde. Ich wäre hier und da, wie ein Derwisch, damit der Feind mich nicht erwischen könnte.

Doch was machen die doofen Geißlein? Glotzen wie erstarrt auf den alten Wolf. Der holt eine Trillerpfeife heraus und tönt mit donnernder Operettenstimme, dass er weiß, wo jeder sich gerade befindet. List und die Feinheit strategischen Denkens sind ihm fremd. Selbst die sieben Geißlein mussten da zunächst grinsen. Doch dann grabschte er sich die sieben, eines nach dem anderen und stopfte sie in seine Plauze und fraß sie nacheinander auf, bis ihm speiübel wurde. Er fiel in einem totenähnlichen Schlaf, schnarchte und rülpste, dass es einen grauste.

Die Muttergeiß, zurück von ihrer Shoppingtour, sah sofort, was passiert war. Und rasch operierte sie mit dem Küchenmesser – mitleidslos und ohne Betäubung – ihre Kinder aus dem Bauch des Wolfs heraus und füllt dafür herumliegende Wackersteine hinein. Die waren so schwer, dass sie den Wolf über den Brunnenrand ins Wasser zogen, als er erschöpft von den Anstrengungen nach draußen ging, wo er etwas trinken wollte – mit Hilfe eines kleinen Schubses durch die Frau Mama, die Geißenmutter.

Dabei hat sich dieser verfressene Wolf bei mir immer beklagt, dass er Übergewicht hätte. Ich habe sogar versucht, ihm bei der Reduzierung seines Leibesumfangs zu helfen. Hätte mir jemand erzählt, dass dieser Kerl kein Maß und keinen Verstand hat, dann hätte ich mich damals schon geweigert, ihm zu helfen, denn an seinen miserablen Essmanieren kann man ja erkennen, dass er halt nur ein dummer Wolf ist. Ich bin mir aber sicher, dass der Wolf sowieso früh gestorben wäre, weil sein Lebenswandel und sein Cholesterin-Spiegel nicht kompatibel waren. Man muss sich das mal vorstellen: Der Kerl frisst auf einen Streich sieben Geißlein und denkt nicht eine Sekunde daran, dass schon seine bisherige Lebensführung ihn langsam aber sicher umbringen wird. Er ist an Vielfraß, Vielsuff und Vielweiberei gestorben.

Die Geißenmutter hat dann zehn goldene Regeln über den richtigen Umgang mit Wölfen aufgeschrieben, damit die lieben Kleinen nicht noch einmal aus Unkenntnis auf einen Wolf hereinfallen. Wenn die Frau allerdings wüsste, was wir wissen, nämlich dass nicht Unkenntnis, Leichtsinn und Ungehorsam diese Beinahe-Katastrophe herbeigeführt hatten, sondern ein genervter und überforderter alter Hütehund, könnte ich mir wohl woanders ein trockenes Plätzchen suchen. Ein Gutes hat das Ganze allerdings gebracht: Es gibt nun einen zweiten Hütehund, der sich die Verantwortung mit mir teilt.

DER WOLF UND DIE SIEBEN GEISSLEIN II –
DIE RÜCKKEHR DES BÖSEN

Schneewittchen

Eine Zeitzeugin: die Gouvernante

Jetzt ist die Alte wohl endgültig übergeschnappt. Sie weiß nicht, dass ich sie beobachte. Sie weiß auch nicht, dass ich ihre Gespräche, die sie mit dem Spiegel in ihrem Zimmer führt, hören kann: Sie fragt ihn allen Ernstes, wer die Schönste im Lande sei. Solange der Spiegel ihr antwortet, sie sei die Schönste, ist Ruhe im Karton. Aber als ich zum ersten Mal mitbekomme, wie es sich anhört, wenn sie einen hysterischen Anfall kriegt, weil der Spiegel sagt, Schneewittchen sei viel schöner als sie, ahne ich kaum, was uns an Intrigen und Gemeinheiten noch bevorsteht.

Schneewittchen, die kleine Prinzessin, ist ein sehr hübsches Kind. Ihre Mutter, die erste Frau des Königs, verstarb früh. Wir kümmerten uns so gut wir konnten um das niedliche Ding, sind aber kein rechter Muttterersatz. Daher waren wir zunächst richtig glücklich, als wir hörten, der König wolle wieder heiraten. Hätten wir auch nur geahnt, wer uns da ins Haus schneit, wir hätten alles in unserer Macht Stehende unternommen, um diesem Besen den Zutritt zum Schloss zu verwehren.

Schaut Euch diese Alte doch nur mal an. Sie stampft mit dem Fuß auf, schreit nach der Zofe, versetzt dem armen Ding dann eine schallende Ohrfeige und beschuldigt sie, ihre Pflichten verletzt zu haben, denn sonst hätte der Spiegel nicht eine solch hundsgemeine Lüge sagen können. Die Zofe wird dazu verdonnert, die Kleider daraufhin durchzusehen, ob sie nicht zu alt seien und damit hässlich machten. Als die Alte heute Morgen aus ihrem Zimmer kommt, stehen wir da – mit offenem Mund und vor Verblüffung sprachlos. Sie trägt bunte Hotpants, schrille, hochhackige rote Stiefel, ein knappes Blüschen, aus dem beinahe ihr Busen platzt. Sie ist geschminkt wie ein Zirkusclown und offensichtlich hat sie eine größere Portion Botox abgekriegt. Sie sieht aus wie ein aufgetakeltes, alterndes Zirkuspferd, doch ihr Gesicht verrät Genugtuung. Sie ist zwar nur die zweite Frau des Königs, aber sie glaubt, sie sei schöner als alle: schöner als seine erste, verstorbene Frau, schöner als ihre Stieftochter Schneewittchen.

Wenn Schneewittchen sich so aufputzen würde, würde ich sie dazu verdonnern, zur Strafe dreimal den Rosenkranz zu beten oder die Wagen im gut bestückten Fuhrpark des Königs zu polieren. Aber Gott sei Dank ist es mir gelungen, sie zu einem anständigen Menschen mit Sitte und Schamgefühl zu erziehen. Wie gesagt, wir stehen da wie die Maulaffen, stieren die Königin an und keiner von uns weiß so recht, wohin die Blicke wenden. „Fremdschämen" nennt man so was wohl.

Ich schwöre Ihnen, wenn Schneewittchen so aus ihrer Kemenate gekommen wäre, hätte ich ihr den Hintern versohlt. Denn so geht keine Königin oder Prinzessin, so geht bestenfalls ein Flittchen. Doch der Königin gegenüber müssen wir Gehorsam wahren, Kritik ist da nicht drin. Ich hätte auch nicht vernünftig mit ihr reden können, denn sie war und ist nicht bereit, zuzuhören und zu lernen, was gut für sie ist und was nicht. Den halben Tag steht die eitle Pute vor dem Spiegel, um immer wieder zu hören, sie sei die Schönste im Land. Jedes Mal, wenn der Spiegel dies wiederholt, plappert sie den Satz nach und trinkt ein

Glas Sekt. Sie wird sie immer beschwipster, torkelt auf ihren spitzen Absätzen, prostet sich selber im Spiegel wohlgefällig zu und ist am Ende so besoffen wie ein Leichtmatrose auf Landgang. Solange der Spiegel sagte, was sie hören wollte, blieb sie aber friedlich. Eines Tages jedoch – und völlig unerwartet – brachen tausend Höllen los: Der Spiegel antwortete zunächst wie immer, fügte dann aber hinzu, dass Schneewittchen tausendmal schöner sei...

Die eitle Königin schrie Zeter und Mordio, betrank sich sinnlos, schmiss den König aus ihrem Gemach und beauftragte unseren langjährigen treuen Jäger, das kleine Ding in die Hölle zu schicken. Sie werde den Kampf aufnehmen, kreischte sie. Sie werde allen beweisen, dass eine Frau wie sie immer schöner sei als das „grüne Gemüse".

Unser Jägermeister wusste nicht, wie ihm geschah, und bekam Mitleid mit Schneewittchen. Er wollte nicht glauben, dass eine erwachsene Frau sich mit einem kleinen Mädchen messen wollte, wer wohl schöner sei. Schneewittchen sollte nicht sterben. Er brachte das Kind in den Wald, nahm von ihm ein Pfand, um dies der Königin als Beweis zu zeigen, dass er seine Pflicht getan hatte, und ging dann nach Hause.

Schneewittchen hat mir später alles erzählt. Sie war nun allein im dunklen Wald, rannte hin und her und wusste nicht, wo nun hin. Dabei bemerkte sie zunächst nicht, dass alles Getier und alle Sträucher im Walde bereitwilligst vor ihr Platz machten. Als sie dann aber plötzlich vor einem kleinen Häuschen stand, war sie so hungrig und durstig, dass sie hinein ging. Sie fand einen gedeckten Tisch vor, mit allem, was dazu gehört. Und sie nahm etwas von jedem Tellerchen, um ihren Hunger zu stillen, aß aber keinen leer, weil ihr das wie Mundraub vorgekommen wär.

Vor Mitternacht kamen die Besitzer des Häuschens, sieben an der Zahl, von schwerer Arbeit zurück. Sie sahen sofort, dass da jemand Fremdes in ihrem Häuschen war. Sie rannten aufgeregt hin und her, so wie Männer nun mal sind, wenn sie mit einer neuen Situation konfrontiert werden. Und der Älteste, der im Berg immer die Nerven behielt, weinte fast: „Wer hat von meinem Tellerchen, wer hat mit meinem Gäbelchen gegessen? Wer hat mein Tässchen benutzt?"

Dann fanden sie das hübsche Ding schlafend. Aber sie dachten sogleich, der Himmel habe ihnen eine Antwort auf ihr dringendstes Problem gesandt: die Hausarbeit. Und so entschieden sie, Schneewittchen solle ihnen helfen, das Haus sauber zu halten und Essen zu kochen. Als Gegenleistung dürfe sie im Schutz des Hauses bleiben, wenn sie nur hübsch fleißig sei. Außerdem dürfe sie alles essen und trinken, was die sieben Zwerge auch auf ihren Tellern hatten.

Die Geschichte ist eigentlich zu schön, um wahr zu sein. Schneewittchen ist zwar ein liebes und williges Ding, aber den tiefen Teller hat sie nicht erfunden und kochen kann sie auch nicht. Doch, was soll's? Alle waren mit dem Arrangement zufrieden und Schneewittchen hielt einfach ihren Mund. Bevor die Zwerge zur Arbeit gingen, warnten sie Schneewittchen, dreimal insgesamt, keinem Fremden zu trauen oder ihn gar ins Haus zu lassen. Doch was tut die Kleine? Sie vergisst die guten Ratschläge, isst, was Fremde ihr mitbringen, geradeso, als müsse sie sonst Hungers sterben. Und wenn jemand klopft, öffnet sie die Tür sperrangelweit und keiner ahnt, dass ihre Stiefmutter an einer Intrige strickt und einen Bösewicht auf den Weg gesetzt hatte.

Die hatte nämlich unterdessen wieder angefangen in den Spiegel zu starren und fragte immerzu, wer die Schönste im Lande sei. Und als dann der Spiegel antwortete, sie sei die Schönste, wusste sie, dass ihr perfider Plan aufgegangen war: Schneewittchen ist tot!

Die Dienerschaft fragt sich: Ist die Alte meschugge? Kann sie nicht endlich mal Ruhe geben? Aber nein, die Show geht weiter. Sie kennt keine Scham, keine Diskretion. Die Dienerschaft, die eigentlich in diesem Flügel des Schlosses nichts zu suchen hat, steht beisammen und bestaunt das kostenlose Schauspiel, wie die Königin sich in immer gewagteren Outfits vor dem Spiegel gebärdet.

Irgendwie mussten wir uns alle daran gewöhnt haben, denn ihr gellender Wutschrei traf uns unvorbereitet. Mir fiel die teure Kanne aus der Hand, der Koch schnitt nicht den Braten in Scheiben, sondern opferte fast seinen halben Daumen, die Spüljungs fielen ins Spülwasser und im Hof hatten die Stalljungs alle Mühe, die Tiere zu beruhigen. Was um des Himmels willen war passiert? Nun, der Spiegel hatte geantwortet und mit unverhohlenem Spott seiner üblichen Antwort „Sie, Frau Königin sind die schönste bla bla bla ..." hinzugefügt – und jetzt kommt's: „...aber Schneewittchen ist tausendmal schöner als Ihr!" Sie wirbelte daraufhin wie ein Derwisch im Zimmer umher, denn ihr war sofort klar: Schneewittchen lebt.

Dabei hatte sie doch dafür gesorgt, dass Schneewittchen in aller Unvernunft einen vergifteten Apfel von einer Unbekannten entgegengenommen hatte und prompt an einem Apfelschnitz erstickt war.

Was sie nicht wissen konnte, jedenfalls in dem Moment nicht, war, dass die sieben Zwerge, die Schneewittchen in einem gläsernen Sarg aufgebahrt hatten, das schöne tote Mädchen vor der Beerdigung in ihre Silbermine hatten bringen wollen, damit sie auch bei der Arbeit noch einen Blick auf sie werfen konnten. Die Zwerge waren aber klein, sie schluchzten und schnieften, sie stolperten und rutschten auf dem unebenen Boden aus. Dabei stießen sie mit dem Sarg, den sie auf der Schulter trugen, an einen dicken Ast, der auf den Weg ragte. Plums, bumms machte es, das schöne Kind wurde hin und her geschüttelt, stieß mit dem Kopf an den Sarg und – halleluja – erwachte wieder aus ihrem totengleichen Schlaf, weil der vergiftete Apfelschnitz bei diesen Sargkapriolen aus ihrer Luftröhre hüpfte.

Schneewittchen

Ich weiß nicht, wie es mit mir weitergegangen wäre, wenn ich nicht den König kennengelernt hätte. Mir tat noch der Hals vom Verschlucken weh, da tauchte er plötzlich in der Mine auf, um mit den Zwergen einen Deal anzubahnen. Ich konnte gar nichts sagen und lächelte ihn einfach nur schweigend an. Männer mögen so was anscheinend, und so bin ich nun seit kurzem die neue Königin.

Manche erinnern sich noch an die Hochzeitsfeierlichkeiten, bei denen meine Stiefmutter zu Tode stürzte. Sie wollte natürlich auch auf der Hochzeit ihrer Stieftochter die schönste Frau sein. Und so bestand sie darauf, zu ihrem Minirock rote Schuhe mit atemberaubenden Absätzen zu tragen, in denen sie aber kaum stehen, geschweige denn tanzen konnte. Ich hatte meine Stiefmutter nicht davon abhalten können, mit solchen Schuhen auf meiner Hochzeit zu erscheinen. Wenn meine Stiefmutter sich lächerlich machen wollte, dann bitte. Für das, was dann passierte, kann ich wirklich nichts. Wer schön sein will, muss leiden, heißt es – und das kann auch mal ganz schön ins Auge gehen.

SPIEGLEIN, SPIEGLEIN AN DER WAND, WER IST DIE SCHÖNSTE IM GANZEN LAND?
ICH HABE HEUTE LEIDER KEIN FOTO FÜR DICH.
BUTZ

Dornröschen

Aus dem Tagebuch einer Zeitzeugin

An dem schrecklichen Tag, als das Unglück seinen Lauf nahm, bin ich mehr als einmal von einer Ohnmacht in die andere gefallen. Der König, eigentlich ein netter Mann, trug die Kleine mit schuschuschu durchs Schloss – und jeder musste sie bewundern. Er lächelte vor lauter Glück zwar ein wenig dümmlich, aber man konnte sehen, dass er stolz wie Bolle war. Das Kindchen schlief ruhig und lächelte schon in diesem zarten Alter.

„Wir werden ein Fest geben! Jawoll", sagte er der Königin, die noch völlig erschöpft war von der Geburt und zunächst an nichts Schlimmes dachte. Erst als ihr klar wurde, dass er ohne Vorbereitung, ohne Plan und ohne Aufgabenverteilung voranging, schwante ihr Böses. Ihr fehlte aber die Kraft, ihren Gemahl zu stoppen ...

Ein Pförtner berichtet

Ich war damals nicht dabei, denn ich fing erst sehr viel später an, auf dem Schloss nach dem Rechten zu sehen. Der Rat der Weisen hatte entschieden, dass man ein bisschen Steuereinnahmen machen konnte, wenn die Prinzen auf der Suche nach einer edlen Frau für ein paar Tage kamen und ihr Geld bei uns ausgaben. Also bewachte ich das Pförtnerhäuschen, wie mein Vater und Großvater schon vor mir.

Ich sitze manchmal tagelang hier, ohne dass sich auch nur eine Menschenseele zeigt. Dann wiederum gibt es Zeiten, da taucht alle naslang ein Tross von Menschen, gekleidet in Samt und Seide, geschmückt mit meterlangen Pfauenfedern und in weißen Seidenstrümpfen, mit edlen, schönen Pferden vor meiner Pförtnerloge auf und verlangt Zutritt zum Schloss.

Manche sind dann ziemlich überrascht. Die Leute glauben immer, alle am Könighofe seien in den Tiefschlaf versunken. Doch welcher Dienstbote kann es sich schon leisten, einfach für hundert Jahre auf der faulen Haut zu liegen? Nein, nein – seit Generationen sorgen wir für die königliche Familie und ganz besonders für unser schönes Mädchen. Da hat keiner Zeit, die Hände in den Schoß zu legen.

Ich gebe zu Anfang immer vor, kein Wort verstanden zu haben, wenn wieder einmal jemand Einlass begehrt. Das gibt mir Zeit, das Gehabe dieser Leute besser einzuschätzen und unser Mädchen vor ihnen zu schützen. In unserem Schnell-Informations-System (SIS) laufen unsere Warnungen dann wie der Blitz durchs Haus und ehe die eleganten Jüngelchen wissen, wie ihnen geschieht, haben unsere Frauen, die seit Generationen als Zofen, Gouvernanten oder Kindermädchen Erfahrungen sammeln konnten, die Truppe einsortiert und uns wissen lassen, ob nun die Chance besteht, dass wir unser Mädchen wieder singend und tanzend erleben werden.

Oder ob es doch besser ist, die Jüngelchen wieder nach Hause zu schicken.

In dieser Woche allerdings überschlugen sich die Ereignisse. Erst kam eine staubgraue Frau, böse wie ein Hüttenhund und erkundigte sich nach unserem Mädchen. Sie bat um einen Schluck Wasser und wollte sich auf die alte Steinmauer setzen, um sich ein wenig auszuruhen. Ich hatte einen Moment lang nicht aufgepasst, spürte eine Art vagen Mitleids und wollte schon Auskunft geben. Da erhielt ich einen Stoß in meine Nieren, dass es mir den Atem verschlug. Hinter mir stand mit versteinertem Gesicht die alte Haushälterin und erklärte dem grauen Weib, dass niemand wisse, wie es Dornröschen ginge, weil sie gar nicht zu Hause sei. Das Gesicht der Alten durchlief mehrere Phasen der tiefen Verblüffung, wechselte von blass zu purpurrot. Ein Blick, der einen Bullen hätte töten können – und weg war sie.

„Bist du des Teufels" keifte die Haushälterin, „das war doch die Frau, die damals auf dem Riesenfest zu Dornröschens Geburt den Fluch ausgestoßen hat, weil sie nicht am Fest teilnehmen durfte, sondern draußen bleiben musste." Herrgott, bin ich blöd. Jetzt, wo die Haushälterin mir das sagte, fiel mir die Geschichte wieder ein. Zeichnungen mit dem Gesicht der alten Hexe hingen überall im Schloss und warnten vor ihr. „Was will die hier?"

Nach dieser Frage kam ein Donnerwetter über mich, wie ich es selten erlebt hatte. „Mann, du bist der blödeste Kerl unter der Sonne. In einigen Tagen läuft doch die Frist ab, die den Todesfluch der Alten aufhebt. Danach wird unsere Kleine wieder wach, kann singen, tanzen und springen, und wir werden alle froh sein, dass die schreckliche Zeit vorbei ist. Außerdem wird dann die Lebensversicherung von Dornröschen fällig, und wir haben endlich wieder Geld, um all das reparieren zu lassen, was so lange liegen geblieben ist. Pass bloß auf, damit du zum Ende nicht alles vermasselst."

Ich passte also auf. Und als nächsten Morgen wieder mal ein Tross von Reitern an meiner Pförtnerloge auftauchte, da war ich mehr als wach und aufmerksam. An der Spitze ritt ein schniefender, niesender Jüngling mit roter Nase. Immerhin, er hielt ein elegantes Taschentuch unter seine triefende Nase. Aber er stotterte. Ich weiß das, weil er sich danach erkundigte, unter welchen Bedingungen die holde Jungfer Dornröschen befreit und geheiratet werden könne. Allein für ihren Namen „Dorn-rös-chen" brauchte er eine halbe Ewigkeit.

Wir ließen den niesenden, schniefenden Jüngling ein – und ich folgte dem Tross. Er sank vor Dornröschens Lager auf die Knie, küsste ihre Hände, streichelte ihre Haare und stammelte ihren Namen; ich glaube fast, er hat auch eine Träne zerdrückt. Ich vermutete allerdings auch, dass ihm die Größe der Ländereien, unser Schloss und die Lebensversicherung Tränen der Erwartung in die Augen getrieben haben könnten.

Unsere Kleine sah aus wie ein Engel. Ihre Haare glänzten, ihre Haut war samten wie ein Pfirsich. Auf ihren Lippen lag die Andeutung eines Lächelns. Wir Bediensteten im Schloss lieben das Mädchen, aber ihre Eltern, vor allem der dumm-döselige König und die Familienmitglieder, die sich im Tiefschlaf in ihren Betten lümmeln, die können uns gestohlen bleiben. In deren Zimmern gibt's nur Schnellputz und keiner macht sich Gedanken über die Staubflocken, die überall liegen. Dagegen geben sich alle die größte Mühe mit dem Zimmer unserer Kleinen. Alles blitzt und blinkt, die Gardinen werden oft gewaschen, der Duft in ihrem Zimmer ist immer frisch und angenehm.

Wenn ich nur an die alte Geschichte denke, mit welchem Leichtsinn ihr Vater das Unglück beschworen hatte, wird mir immer noch übel. Trunken vor Glück über die Geburt des niedlichsten Babys der Welt, gab er ein Fest für alle, für seine Verwandten, Freunde und Bekannten. Besonders wichtig war ihm, dass die „weisen Frauen" in seinem Reich, dreizehn an der Zahl, kamen, um dem Kinde ihre Aufwartung zu machen. Diese Frauen hatte der König eindringlich eingeladen.

Er hatte aber nur zwölf goldene Teller, und auch sonst von allem, was man so braucht, wenn man einen angenehmen Abend im Kreise von netten Menschen verbringen will. Zwölf, keine dreizehn Teile - und so befahl er, eine der eingeladenen Frauen wieder hinaus zu komplimentieren. Peinlich, peinlich. Er merkte nicht einmal, was er damit angerichtet hatte. Er schwebte von einem Raum in den nächsten, an der Ausgeladenen vorbei, ohne sie wahrzunehmen, ohne sich bei ihr für das Ungemach zu entschuldigen. Vielleicht hätte man da ja noch etwas retten können, aber dazu war dieser Trottel von König nicht fähig. Und so nahm denn das Schicksal seinen Lauf.

Am Ende des Tages sprachen die anwesenden zwölf weisen Frauen dem Kinde ihre Wundergaben als Dankesgeschenk zu. Doch just in diesem feierlichen Moment kam die zurückgestoßene, die dreizehnte Frau wieder herein und sprach ihren Fluch aus: Sie wünschte dem Kind, dass es im zarten Alter von fünfzehn, gestochen von einer Spindel, sterben sollte!

Zum Glück kam die zwölfte weise Frau herbei, die dieses Todesurteil in einen hundertjährigen Tiefschlaf umwandelte. Aber unser Sonnenschein war für Jahrzehnte verloren.

Die Geschichte von der schlafenden Prinzessin ging wie ein Lauffeuer durchs Land. Sie glauben gar nicht, wie viel Fantasie Menschen entwickeln, wenn es um Geld geht. Für die krummbeinigen Glücksritter ist eine stattliche Mitgift ein Himmelsgeschenk, von dem sie meinen, es stehe ihnen zu. Unser Mädchen ist nämlich reich, sehr reich. Sie ist die einzige Tochter des Königpaares – und die riesigen Ländereien werden dereinst ihr gehören, wenn sie wieder wach werden sollte. Manche dieser elendigen Würmer würden sie am liebsten im Schlafzustand heiraten – und dann gleich wieder so liegen lassen. Aber wir passen auf. Unser Mädchen, unsere Kleine, Dornröschen, die Schönste im Lande, liebenswert aber wehrlos, darf nicht einem dahergelaufenen Heiratsschwindler in die Hände fallen.

Nun ist die Frist bald abgelaufen und wir schauen seit einiger Zeit, ob unter den zwielichtigen Bewerbern nicht auch ein passender Freier zu finden ist. Doch das ist gar nicht mehr so einfach, der Ansturm hat ziemlich nachgelassen. Kein Außenstehender versteht, warum es plötzlich so schwer sein soll, unser Mädchen unter die Haube zu bringen, wo sie doch so schön und reich und liebenswert ist. Das Dornengebüsch, das im Laufe der Jahre um ihr Lager gewachsen ist, sieht zwar Furcht erregend aus, aber ein Mann mit Verantwortungsgefühl und Mut müsste das doch schaffen können.

Bis vor Kurzem habe ich es nicht verstanden, warum sich so viele Glücksritter abschrecken ließen, aber als ich mich ihrem Lager näherte, wusste ich auf einmal warum: Unser Mädchen sieht zwar aus wie eine Rose, aber ihr Mundgeruch ist mehr als penetrant, ja, er ist furchtbar.

Seit Jahren hat sie sich nicht die Zähne geputzt – wie auch, sie liegt ja im Tiefschlaf. Und man müsste schon völlig verrückt nach ihr sein, um darüber hinwegzusehen. Das Personal hat natürlich Beratschlagungen aller Art hinter sich, wie man dieses Problem lösen könnte, aber eine echte Lösung hat sich nicht finden lassen. Es wurde versucht, ihr Rosenwasser in den halboffenen Mund zu träufeln, aber dann hustete sie, keuchte und spuckte alles wieder aus... Kein Wunder, dass uns der verschnupfte Prinz wie ein rettender Engel erschien.

Aus dem Tagebuch eines Dieners

Dornröschens Erwachen ist nun schon einige Jahre her. Und zum Glück hat sich alles zum Guten gewendet, als der junge Herr mit dem Taschentuch auftauchte. Unser Mädchen ist inzwischen verheiratet, ist glücklich und Mutter eines strammen Jungen, der leider ebenfalls unter Mundgeruch leidet. An eine regelmäßige Zahnpflege haben sich Mutter und Sohn noch nicht gewöhnen können. Ihr Mann, der sie treulich liebt und verwöhnt, merkt von alledem aber nichts. Denn er hat einen chronischen Schnupfen und kann nichts mehr riechen – schon lange nicht mehr. Deshalb kann er ihre Schönheit so richtig bewundern, ohne irgendetwas Unangenehmes zu empfinden.

Mancher der damals angereisten so genannten Heiratskandidaten hatte zwar auch vorgegeben, nichts zu merken, aber wenn die Nasenflügel bebten, dann wussten wir Bescheid. Man kann mit einer gewissen Berechtigung sagen: Eine Triefnase war Dornröschens Rettung – und so sehen wir es ihm heute nach, wenn er wieder mal hustet und sich trompetenlaut schnäuzt. Wir sammeln, ohne viel Aufhebens davon zu machen, seine nassen Taschentücher ein, die überall herumliegen, waschen und bügeln sie – und das war es dann auch. Wir verraten nichts.

JA, PRINZ HIER. ES GEHT UM MEINE FRAU. PERMANENT SCHLÄFT SIE EIN. ÜBERALL. IM KONZERT, IM THEATER, SOGAR BEI BÄLLEN UND OFFIZIELLEN EMPFÄNGEN. UND ICH MUSS SIE DANN IN ALLER ÖFFENTLICHKEIT WACHKÜSSEN. NACH SECHZEHN EHEJAHREN. DAS IST DOCH NICHT NORMAL!
BUTZ

Rapunzel

Eine Zeitzeugin: die Gastwirtin

Es heißt, dass alle Frauen Rapunzel, die bei uns im Dorf auf dem Burgfried lebt – oder richtiger: leben muss – um ihre schönen blonden, meterlangen Haare beneiden. Pardon, tut mir leid: ich nicht. Wer einmal erlebt hat, was es bedeutet, Haare zu haben, an denen Besucher wie eine Affenherde hinaufklettern können, der wird meine Meinung sicherlich teilen.

Das arme Ding ist durch ihre Haare zu lebenslanger Schutzhaft verurteilt. Sie lebt mit einer Großmutter oder Großtante zusammen, so genau weiß man das nicht. Die Alte steht wie ein Schatten neben dem hübschen Kind und beäugt misstrauisch jeden, der am Turm vorbeikommt. Wenn einer dieser Trottel oder die Großmutter Rapunzels Namen ruft, dann weiß das halbe Dorf, dass sie Herrenbesuch hat, oder dass die Großmutter (Großtante?) mal wieder nach dem Rechten sehen will.

Rapunzel – was für ein blöder Name für ein schönes Mädchen – kommt aus ihrem Turm nicht heraus. Sie kann ja schlecht an ihren eigenen Haaren nach unten klettern. Außerdem sind ihre Zöpfe so schwer, dass es ihr das Genick brechen würde, wenn sie ohne Hilfe ginge. Sie kann nicht tanzen oder mal spazieren gehen. Kein Junge kann sich ihr nähern, weil ihre Haare ja immer im Wege sind. Die perfekte Kontrolle.

Einmal im Monat müssen die prachtvollen Locken gewaschen werden. Dann steigt sie in ein Regenfass. Die Alte schleppt die Haare und gießt solange warmes Wasser in das Fass, bis man glaubt, Rapunzel wird ertrinken. Ich weiß gar nicht, wie viele Tuben Shampoo für eine solche Wäsche gebraucht werden. Aber wir ahnen, welche Qual es bedeutet, diesen Schopf wieder trocken zu kriegen. Sie steht nahezu unbeweglich in der Sonne, ihre Haare sind auf Wäscheleinen geklammert, und so muss sie stundenlang ausharren. Die Alte braucht sie gar nicht zu bewachen, damit ihr nichts geschieht. Sie muss sich bloß auf die Last der Haare verlassen, die Rapunzel zu tragen hat.

Ich habe viele Gespräche gehört, die sich die Männer in der Dorfkneipe erzählen. Alle finden, das Mädchen sei eine Schönheit. Alle glauben zu wissen, dass sie wohlhabend ist. Aber niemand würde auch nur im Traum daran denken, sie zu heiraten. Man würde die Brautnacht nervlich nicht überstehen aus lauter Angst, von ihren Haaren erstickt zu werden.

Der Gast

Auch heute bin ich noch auf ein schnelles Bier in die Gaststube gegangen. Wir stehen zusammen, sinnieren über den Tag und sind froh, nach zwölf Stunden harter Arbeit endlich den Feierabend vor uns zu haben. Da wird plötzlich die Tür aufgerissen. Der Stadtschreier kommt herein, schweißgebadet, mit pfeifendem Atem. „Rapunzel", stößt er hervor, „Rapunzel!" Was ist mit Rapunzel? „Da, da, so seht doch nur!" Er fuchtelt einer hübschen jungen Frau mit modisch gekürzten Haaren mit seinem Finger vor der Nase. „Das ist sie!"

Wer ist sie? Keiner der Gäste hat, so scheint es, diese Frau je gesehen. Sie schreitet anmutig und lächelt dazu. Ich sehe plötzlich die kleine Lücke in der ansonsten geraden Reihe ihrer blitzenden weißen Zähne. Sie ist es tatsächlich – Rapunzel!

Ich falle fast in Ohnmacht. Wie um des Himmels willen ist sie da oben raus gekommen? Wo sind ihre langen Haare? Und wie hat sie es geschafft, an der Alten vorbei zu kommen? Ich stottere ihren Namen, sie lacht und antwortet, freundlich, aber eher kurz angebunden.

Man merkt, sie hat nicht viel Erfahrung mit gesellschaftlicher Konversation. Aber so, wie sie da vor uns steht, sehe ich sogar als beinahe Ohnmächtiger, dass sie absolut schön ist. Ihr Gesicht, früher immer hinter dem Wasserfall ihrer Haarflut versteckt, ist klar und gut zu erkennen. Auch ihre Stimme, früher immer von Haarmassen verschluckt, klingt richtig schön. Übersieht man ihre mangelnde Erfahrung im Umgang mit anderen Menschen, dann ist sie wirklich eine ansprechende, freundliche Person.

Ich muss unbedingt herausfinden, welche Mitgift sie auf den Weg zum Altar bekommt. Und ich muss wissen, wie sie aus dem Turm gekommen ist, denn ich habe keine Lust, in einen Skandal verwickelt zu werden. Früher hat mich ihre Familie nicht mit dem Hintern angesehen, ich war nicht satisfaktionsfähig. Heute aber bestimme ich den Preis. Ich bin gewillt, eventuelle Folgen einer übermütigen Tat von Rapunzel vor dem Dorf zu vertuschen oder mich als den Vater eines Ausrutschers auszugeben, wenn die Alte sich tatsächlich als spendabel erweist.

Rapunzel

Ich muss zugeben, so aufregend habe ich mir das Leben in der Stadt nicht vorgestellt. Ich hatte nur die Langeweile satt, die ich bis dahin kannte. Fast mein ganzes Leben lang war nie jemand da, der mit mir lachte und mir Geschichten erzählte, außer meiner Großmutter – und der Mensch, der sie als heiter und lustig bezeichnen würde, muss erst noch geboren werden. Genau genommen ist sie mürrisch, unfreundlich und dauernd müde. Wir saßen tagein, tagaus auf dem Burgfried und starrten Löcher in den blauen Himmel.

Im Moment allerdings sitze ich in einer Kneipe. Alle starren mich großäugig an. Außerdem muss ich immer mit einem Auge im Blick behalten, ob meine Großmutter hereinkommt, um zu meckern und alle so bohrend anzustarren, dass sie in Schockstarre fallen. Aus dem fröhlichen Kneipenbetrieb ist sowieso schon betretenes Schweigen geworden. Jeder betrachtet jeden aus den Augenwinkeln – und alle betrachten mich.

Der Gast

Ehe ich mich zweimal umdrehen und die Burschen in der Kneipe fixieren kann, um herauszufinden, was eigentlich geschehen ist, gehen schon die ersten Gerüchte los. Ein Fremder sei vor einigen Wochen in unser Dorf gekommen, ein Bergsteiger. Er soll so dumm sein, dass es Gott' erbarm und so eitel, dass man es schier nicht glauben mag. Er hatte eine Laute dabei, habe aber mehr gejault als gesungen. Doch Rapunzel, die von der Welt nicht viel mehr weiß als ein Maulwurf, habe ihm schmachtende Blicke von oben zugeworfen – und dann ihre langen Zöpfe zu ihm hinunter, auf dass er schnell zu ihr hinaufklettern könne.

Die Alte war zwar misstrauisch, bemerkte aber nicht, dass nun ein Mann mit an Bord war, ein Mann, den noch nie jemand zuvor gesehen hatte. Die Alte ist bösartig, neidisch und leider auch ein bisschen doof. Sie hat nichts gemerkt, als Rapunzel ihr vorflötete, sie „möchte die Berge sehen." Unsereiner hätte sofort nachgefragt, wieso sie ausgerechnet auf Berge kommt, da oben in ihrer abgeschlossenen Einöd. Nicht aber die Alte.

Ja, und dann ist der Alpinist an ihren Zöpfen wieder hinabgeklettert. Und nun rätseln wir alle, wie Rapunzel es geschafft hat, an ihren eigenen Zöpfen nach unten zu kommen. Ich aber weiß es auf einmal. Natürlich ist der Bergsteiger nicht in einem Rutsch nach unten gelangt, sondern in mehreren Abständen. Er hat Rapunzels Haare an Mauervorsprüngen und Haken fest geknüpft und sie so auch sicher nach unten geleitet. Sie hat gehorsam getan, was er ihr befohlen hat – und frei war sie!

Dann ist er mit ihr zum Friseur gegangen und der hat ihr die Haare für einen lächerlichen Preis abgenommen. Wird diese jetzt aber zu einem horrenden Preis an einen Spezialisten für Extensions verkaufen.

Rapunzel

Inzwischen vermute ich, die Alte verfolgt mich, weil sie das Schlimmste befürchtet. Doch da kann ich ihr nicht helfen. Hätte sie mich nicht mutterseelenallein auf dem Burgfried gelassen, wäre ich nicht so wie ein Tölpel in das Fettnäpfchen getappt, in dem ich jetzt sitze.

Jetzt, wo es zu spät ist, gucken mich plötzlich alle verstohlen an und machen Andeutungen über die Folgen meines libertinären Benehmens. Libertinäres Benehmen? Dass ich nicht lache! Und jetzt rechnen sie sich aus, wer die Beute und wer meine Mitgift bekommt. Ich werde keinen von denen nehmen. Außer vielleicht den schon etwas Älteren da, der mich so berechnend ansieht. Der wird bestimmt auch mit der Alten fertig. Mit dem ziehe ich dann weg und fertig ist die Lauge.

Der Gast

Da steht sie nun, neben ihr die Alte, die aussieht, als habe sie die eigene Gallenblase gekaut. Was das Zusammenleben mit ihr und ihrer Großmutter (oder doch Großtante?) betrifft, mache ich mir keine Sorgen. Aber wie bringe ich sie dazu, mein Angebot zu überdenken? Und wie sehr wird die Großmutter ihrer Enkeltochter entgegenkommen, wenn die klug ist und den heiratet, den sie favorisiert?

Die frühe Last ihrer Haare hat sie gelehrt, sich helfen zu lassen und Dankbarkeit zu zeigen. Sie wird also nicht keifen. Und ich bin sicher, von ihr sind keine Szenen zu erwarten. Ich traue mir auch zu, Widerworte notfalls zu unterbinden. Denn Gehorsam, das kennt sie vom Leben mit ihrer Großmutter. Alles in allem keine schlechte Ausgangslage für meine Zukunft. Ich muss aber unbedingt die Großmutter näher kennen lernen und versuchen, mich bei ihr einzuschmeicheln.

Ich untersuche heimlich mit meinen Blicken, ob es bei Rapunzel Anzeichen gibt, die ich ausnutzen kann. Jetzt weiß ich es: Sie braucht Hilfe. Sie hat ein Bäuchlein! Das kann vom vielen Kuchen der Alten kommen. Aber ich überrasche sie im Garten der Gaststätte, wo sie sich doch tatsächlich erbrechen muss...

Ein gemachter Mann

Ich bin der einfühlsamste aller Ehemänner. Ich hole Wasser, ein Taschentuch, Lavendelwasser und kühle ihre Stirn. Ich frage nichts, ich tröste nur. Der Bergsteiger ist weg. Sie hat die Schande, er hat die Berge. Und ich habe eine Frau, eine reiche obendrein.

Wenn man nicht so genau hinschaut, sieht unser Kind mir sogar ähnlich, sagen die Klatschtanten im Dorf und bekreuzigen sich bei dem Gedanken, dass alles wieder im rechten Lot ist und der göttlichen Ordnung Genüge getan wurde. Meine Tochter und ich blinzeln uns an, grinsen ein wenig und ihr balü-balä versteht sowieso keiner.

Am Tag der Heirat hat die Alte mir alle Besitztümer von Rapunzel überschrieben. Als sie meine Frau wurde, wirkte sie so still und in sich gekehrt. Nun aber bekommt sie von allen Seiten Glückwünsche: ein netter, großmütiger Mann, eine nette, erfahrene Großmutter!

Mehr kann man sich ja kaum wünschen. Dass sie so unglücklich aussieht, schreiben die Fachleute ihrem Baby-Blues zu. Und dass sie auf meinen Wunsch hin ihre Haare wieder wachsen lässt, beweist, dass wieder Ruhe in den Burgfried eingekehrt ist. Da wohnen wir nämlich seit Kurzem.

Ach ja, ich vergaß zu erzählen, dass wir zunächst in ein ganz normales Haus eingezogen waren. Aber das passte mir ganz schnell nicht mehr. Jeder stolperte ohne Anmeldung über die Schwelle, trank meinen Kaffee und sah meine Frau mit treuen Hundeaugen an. Hier oben auf dem Burgfried aber herrscht Ruhe und Übersicht.

BEREITS NACH DER ERSTEN HAARWÄSCHE WAR DIE ALTE ZAUBERIN DRAUF UND DRAN RAPUNZEL DIE HAARPRACHT RATZEKAHL ABZUSCHNEIDEN.

Hänsel und Gretel

Die Stiefmutter

Ich bin selten so hinters Licht geführt worden, wie an dem Tag, als ich meinen zweiten Mann heiratete. Leider habe ich das erst bemerkt, als es zu spät war. Ich war in der Ehefalle gefangen – die beiden Kinder aus der ersten Ehe meines Mannes sind mir erst am Hochzeitstag gezeigt worden: Hänsel und Gretel. Er, der Vater, hatte die beiden Kinder gebracht, sie aber versteckt. Weil er – wie ich inzwischen weiß – faul wie die Sünde ist, erhoffte er sich von ihnen Hilfe und Unterstützung. Sein Bier war sein ein und alles. Ob es der Familie gut ging, interessierte ihn im Grunde nicht. Er hatte die perfekte Gabe, nichts zu sehen, zu hören oder darüber zu reden.

Es war allgemein bekannt, dass ich, seine zweite Frau, die Kinder irgendwie loswerden wollte. Darüber wurde im ganzen Dorf getratscht und mancher Streit zwischen uns konnte darauf zurückgeführt werden. Ich wollte die Kinder zu seiner Familie ins Nachbardorf schicken. Es blieben dann immer noch genug Ausgaben und Aufgaben für uns. Kinder sind nun mal nicht billig. Er warf mir vor, ich wolle die Kinder einfach im Wald aussetzen. Was aber würden die Nachbarn denken und sagen, wenn herauskäme: Die beiden haben ihre Kinder im Wald ausgesetzt, weil ich, die Stiefmutter keine Lust hatte, für sie zu sorgen.

Ich merkte selber, dass meine Stimme im Verlauf der Diskussion immer schriller wurde. Aber wenn der Satz „Leistung muss sich wieder lohnen" auch nur im Ansatz für alle gelten sollte, dann musste etwas geschehen, sagte ich mir. Ich wollte nicht bis ans Ende meines Lebens mir den Buckel krumm arbeiten, damit die fremde Brut genug an Essen, Kleidung, Bildung, Tanz und Spiel hatten. Ich wollte mich auch nicht krumm legen müssen für all die Faulpelze, die der Herr im Himmel mir auf den Hals gehetzt hatte: seine riesige Familie.

Ich könnte mich heute noch dafür ohrfeigen, dass mein gesundes Misstrauen sich nicht gemeldet hatte, bevor mein Mann damit herausrückte, dass er zwei Kinder aus erster Ehe hatte. Aber es brachte wenig, ihm dies vorzuwerfen, er sah nicht, wo er einen Fehler gemacht haben konnte.

Gretel und ich – Hans

Gretel war schon immer mutiger als meine ganze Familie zusammen. Sie wagte es, unserem Vater zu widersprechen, hielt dem Sturm stand, den unsere Stiefmutter jedes Mal entfachte, wenn ihr etwas nicht passte. Sie stand in jeder Situation wie eine eins, ohne zu schwanken oder gar zurück zu weichen. Sie stellte sich den königlichen Zins- und Steuereintreibern, feilschte mit den staatlichen Förstern, die das Holz immer klafterweit zu gering einschätzten und zu wenig bezahlen wollten. Von unserer Stiefmutter erwartete sie, dass ich jeden Tag ein bisschen zu essen bekam – und sei es nur die dünne Suppe, die an vielen Tagen auf den Tisch kam. Sie stopfte meine Socken, reparierte meine Hemden und als der komische Humperdinck eines Tages bei uns aufkreuzte, kontrollierte sie die Geschichten, die ihm da erzählt wurden, für eine Oper, wie es hieß, eine Oper über uns. Was immer das auch zu bedeuten hatte.

Wir waren die einzigen Kinder im Dorf, die eine Stiefmutter hatten – und alle nahmen uns damit auf den Arm. „Stief, das kommt von Stiesel – und ihr seid Stiesel!" „Wer behauptet das?" „Meine Mutter", sagte dieses Warzenschwein. „Eure Mutter hat auch einen Freund." „Wer sagt das?" „Meine Mutter, die weiß so was." „Ihr habt nicht nur eine tote Mutter sondern eine, die ein Bratkartoffelverhältnis hat." „Was ist das denn? Niemand bei uns ist verrückt nach Bratkartoffeln."

Was sollte das alles? Ich drehte mich zu Gretel und sah an ihrer spitzen, weißen Nase, dass sie einen Mord begehen könnte. Ich schmiss meinen Ranzen weg und rannte wie ein Bulldozer los, um meinen Kopf in den wabbeligen Bauch dieses Idioten zu rammen. Er schrie auf und verdrückte sich dann auch umgehend.

Eines Tages kamen wir zwei wieder einmal unerwartet früh nach Hause. Wir sahen, wie unsere Stiefmutter in der Küche saß, mit einem Mann, den wir nicht kannten. Die beiden fuhren auseinander, aber wir hatten genug gesehen. Sie hielt seine Hand und goss ihm Kaffee ein. Ich wurde wütend. Sie vertändelte die Zeit und dabei erklärte sie uns immer, dass sie vor lauter Arbeit nicht mehr wüsste, wo ihr der Kopf steht. Sie scheuchte uns mit Geschrei in unsere Zimmer. Wir würden ihr die „Haare vom Kopf fressen". Und wenn sie vorher gewusst hätte, was sie jetzt weiß, hätte sie unseren Vater nie geheiratet – und damit schon gar nicht uns Hungermäuler.

Einige Wochen später, wir hatten wieder einmal früher nach Hause gehen müssen, weil unsere Lehrerin in der kalten unbeheizten Schule vor Kälte schlotterte und dringend nach Hause wollte, war unsere Küche kalt, das Feuer aus. Niemand war da, um uns Wasser heiß zu machen. In einer Ecke der Küche saß unser Vater, schniefte und mummelte vor sich hin und war bereit, freizügig Prügel zu verteilen, wenn man sich ihm nur näherte.

Nach einer Weile war das aber wieder vorbei. Prügel gab es zwar immer reichlich, aber eigentlich eher nur nebenbei als absichtlich. Unser Vater war über Nacht alt geworden, hilflos fast wie ein kleines Kind. Unsere Stiefmutter stritt sich mit ihm, aber mehr als ein Greinen konnte sie ihm nicht entlocken. Dann keifte sie mit uns, versuchte uns zu schnappen und zu verdreschen: „Wer von euch hat ihm von meinem alten Freund erzählt, der doch nur gekommen war, um zu erfahren, wie er uns helfen kann. Ein ehrenwerter Mann, der sich um uns gekümmert hat! Ihr undankbare Brut habt ihn mit eurer Klatscherei verjagt. Ich fühle mich für euch nicht mehr verantwortlich. Ohne ihn müssen wir jetzt noch mehr hungern und frieren!“

Wir hatten also kein leichtes Leben. Aber es gab Schlimmeres, wie wir hörten. Ich weiß nicht, woher unsere Eltern die Gewissheit hatten, wir würden diskret weghören, wenn sie wieder einmal einen ihrer zähen Kämpfe ausfochten, und jeder von ihnen für seine Überlegungen ein Beispiel im Dorf ausgrub. Es ging immer um Geld und immer darum, dass wir Kinder sie „arm fressen“ würden. Seine Sorgen waren für sie wie ein Brandbeschleuniger. Sein Gejammer: „Wie können wir die Kinder ernähren, da wir für uns selbst nichts mehr haben?“ wurde von ihr präzise beantwortet – und diese Antwort hauste offenbar schon lange in ihrer schwarzen Seele: „Weißt du was, Mann. Wir wollen morgen in aller Frühe die Kinder in den Wald führen. Dahin, wo er am dichtesten ist. Da machen wir ihnen ein Feuer – und wir uns aus dem Staub. Sie finden dann allein den Weg nach Hause nicht mehr und wir sind sie los..."

Eine herzige Mutter, die als Stiefmutter ein besonderes Kaliber war. Wir versuchten, ihr Paroli bieten, nun, da wir meinten, über ihre Pläne im Bilde zu sein. Aber ich muss zugeben, dass ich mir nicht vorstellen konnte, sie würden es wirklich fertigbringen, uns auszusetzen. Deshalb war ich manchmal leichtsinnig geworden und hatte nicht mehr richtig zugehört. Diesmal aber hatte ich ein ungutes Gefühl. Sie führten uns tatsächlich im Wald in die tiefste und dunkelste Ecke. Ich wurde aber nicht einmal misstrauisch, als sie uns einige Krumen Brot extra gaben. Dabei hätten da alle Warnlampen angehen müssen. Denn ich hatte ja gehört, wie sie sich über uns unterhalten hatten – und wie unsere Stiefmutter unserem Vater auftrug, uns, ohne Aufsehen zu erregen, fortzuschaffen.

Wenn ich sagte, Gretel habe nie Angst gehabt, dann muss ich mich nun aber doch korrigieren. Als wir beide da am Abend im Wald im Dunklen standen und uns daran erinnerten, wie unsere Eltern uns vorgelogen hatten, sie würden, wenn materielle Besserung bei ihnen eingetreten sei – vielleicht nicht morgen, aber übermorgen – wiederkommen, um uns nach Haus zu holen, da sah ich im schwachen Mondlicht auf einmal ihre groß aufgerissenen Augen und ihre spitze Nase. Sie atmete tief ein und aus. Doch als sie wieder zu mir sprach, war ihr erstes und einziges Wort: „Schweine."

Meinte sie etwa unsere Eltern? Ich sah mich vorsichtig um, weil ich nicht wollte, dass jemand das gehört hatte. Und während ich vor Angst und Enttäuschung fast wie gelähmt war, kehrte das Leben in meine Schwester zurück. Sie zwang mich, ihr zuzuhören und die Alternativen, die sie sich zu unserer Rettung ausgedacht hatte, zu bewerten.

„Hier können wir nicht bleiben, es wird zu kühl in den Nächten", sagte sie. „Wir brauchen was zu essen und zu trinken. Wir brauchen Betten."

Ich hörte ihr fassungslos zu. Was glaubte sie, wo wir waren? Auf einem Basar mitten in der Stadt, wo wir diese Sachen hätten kaufen können, vorausgesetzt, wir hätten das Geld dafür gehabt? Sie sah mich einen Moment lang stillschweigend an, schüttelte ihre roten Haare und lief dann los. Sie hastete durch die zunehmende Dunkelheit, zerrte mich hinter ihr her und blieb plötzlich wie vom Blitz getroffen stehen. „Riechst du was? Hier muss ein Haus sein, in dem gekocht oder gebacken wird."

Sie wagte ein schwaches Hallo, ließ ein stärkeres folgen und als wider alle Erwartung eine Tür knarrend aufging, war Gretel die Höflichkeit in Person. Sie grüßte, log eine Geschichte zusammen, warum wir um diese Zeit noch im Wald waren und bat um Hilfe.

Gegen das Licht, das durch die Haustür fiel, konnten wir nicht erkennen, wer uns da ins Haus bat. Aber drinnen im Licht erwies sich die Person als eine gut aussehende Frau mittleren Alters, nett angezogen und mit gefärbten Haaren. Die Zimmer waren sauber und ordentlich eingerichtet; nicht übertrieben ausgestattet, aber ansprechend, und alles Fadenscheinige war gut gestopft. Ein Hauch von gewürztem Kuchen lag in der Luft. Es dauerte nicht lange, da wussten wir, warum: Das Haus war aus Lebkuchen gebaut, soweit wir das beurteilen konnten. Und darüber war Zucker gestreut.

Während Gretel versuchte, mit der Frau ins Gespräch zu kommen, das sie freundlich stimmen sollte, knibbelte sie mit ihren kleinen, dünnen Fingern ein Stückchen ab vom Lebkuchenhaus. Es knisterte, die Zuckerkrümel, die auf die Erde fielen, knirschten unter unseren Schuhen. Und jetzt sprach die Frau, die im Lampenlicht längst nicht mehr so hübsch und jugendlich aussah, einen komischen Schnack: „Knusper, knusper, knäuschen, wer knuspert an meinem Häuschen?"

Ihre Stimme wurde beim Wiederholen schriller, ihre Haare flogen, ihr Gesicht bekam einen hässlichen Zug. „Was machen Sie in dieser dunklen Ecke der Welt?", versuchte Gretel die angespannte Stimmung etwas aufzulockern. „Oh, ich prüfe die Menschen." „Was prüfen Sie denn?" „Zum Beispiel, was sie gerne essen." „Wieso muss man das prüfen, die Menschen wissen doch selbst, was sie gerne essen."

Ich sah Gretel an, ich verstand kein Wort, Gretel aber auch nicht. „Ihr wisst doch, was man über mich sagt." Die Alte lachte gellend und wurde im flackernden Licht des Herdes immer hässlicher. Ich sah sie voller Entsetzen an, denn plötzlich fiel mir ein, was man im Dorf erzählte: im Wald wohnt eine Menschenfresserin.

„Ich biete ihnen das Beste an. Sie dürfen nicht zu mager und hungrig sein, denn dann taugen sie nichts. Man muss Geduld haben und warten können." Mit diesen Worten führte sie uns mit einem Klammergriff an einen Tisch im Nebenzimmer, schloss hinter uns die Tür ab, schob durch eine Klappe das tollste Essen, das ich seit langem gerochen und geschmeckt hatte, herein und bestand darauf, dass ich die größere Portion davon nahm.

Gretel sagte kein einziges Wort. Aber nachdem ich unter den strengen Blicken der Hexe, wie wir sie nun nannten, den Teller leer gegessen und sie ihn wieder durch die Klappe nach draußen geschoben hatte, bedeutete sie mir, ganz leise zu sein: Sie zwang mich den Mund aufzumachen, steckte ihren Finger in meinen Mund – und ich musste prompt kotzen. Ich bin wirklich kein Held, auch kein Angsthase, aber jetzt zitterte ich vor Angst.

„Glaubst du, sie frisst Menschen", flüstere ich Gretel zu. Sie sah mich aus ihren klugen braunen Augen an und sagte: „Was meinst du?"

Ich muss so erbärmlich ausgesehen haben, dass sie lachte: „Dummer Junge, natürlich nicht. Was glaubst du, was hier los wäre, wenn sie eine Menschenfresserin wäre? Die von der Inquisition hätten hier längst für Ordnung gesorgt. Nein, sie ist nur eine alte, hässliche Frau, alleine und ohne Freunde, eigentlich bedauernswert. Niemand kümmert sich um sie, keiner schenkt ihr auch nur einen freundlichen Gedanken. Sie ist wütend auf alles und alle, dass sie uns, wenn sie nur könnte, das Herz herausreißen würde. Stattdessen füttert sie Dich und glaubt, wenn du satt und zufrieden bist, bist du ihr verfallen."

Ich starrte meine Schwester an: „Woher weiß du das alles?" „Oh, ich lese hin und wieder am Zeitungskiosk heimlich Frauenzeitschriften. Da behält man den Überblick."

So ging das über mehrere Wochen. Ich diskutierte nächtens mit Gretel, wann die Alte mich wohl fressen würde. „Ich glaube nicht, dass sie die Menschen frisst, aber sie will Macht über sie ausüben, damit sie nicht so alleine ist. Sie besetzt ihre Gedanken- und Gefühlswelten. Sie sehnt sich so nach Aufmerksamkeit, dass sie ihre Nachbarn buchstäblich auffrisst ..."

Meine Gedanken- und Gefühlswelten waren in der Tat von dieser Frau besetzt. Sollte ich je hier herauskommen, würde ich mich nie wieder von Frauen zum Essen einladen und mit Wein beköstigen lassen. Solange wir bei der Hexe waren, tobte eine besondere Art von Machtkampf zwischen diesen beiden Frauen – zwischen meiner Schwester und der Hexe. Die eine (die Hexe) zwang mich, alles, was auf dem Teller lag, auch zu essen. Die andere (Gretel) steckte mir den Finger so tief in den Schlund, bis mir schlecht wurde.

So magerte ich merklich ab. Jeden Tag kam die Hexe mit dem Essen und kontrollierte an meinem Fingerumfang, ob ich nicht endlich zugenommen hatte. Ihr Ofen glühte, sie rührte und schälte und brutzelte, stampfte, verteilte Fett und Öl und Sahne über meinen Teller, verfeinerte alles nicht nur mit einem Stich Butter sondern mit deren drei – und schnappte dann wütend beinahe über, wenn ich wieder nicht zugenommen hatte. Sie wollte ganz offensichtlich Erfolge sehen. Doch Gretel wollte das um jeden Preis verhindern.

Die beiden Frauen führten einen erbitterten Kampf um mich und keine wollte nachgeben. Ich drückte natürlich die Daumen für Gretel, denn davon konnte mein Leben abhängen. Und wir heckten einen Plan zu unserer Befreiung aus: Gretel erklärte der Hexe, sie habe ein Geheimrezept, mit dem auch der größte Hungerhaken zunehmen würde. Dafür müsse man nur in den Ofen klettern, um das Feuer ordentlich zu schüren, und die Töpfe regelmäßig bewegen, damit nichts anbrennt...

Nun ja, was soll ich noch viel erzählen. Die Alte verbrannte zu Asche, weil Gretel sie in den Ofen geschubst hatte – und wir waren wieder frei. Das jedenfalls glauben die Menschen und preisen und loben den Mut und die Umsicht von Gretel. Wisst ihr aber, wer die Alte wirklich ins Feuer gestoßen hat? Ich war's natürlich! Ich wollte diesen Hexenbesen für immer los sein. Und dieses ständige Gezanke von gleich zwei Frauenzimmern auf einmal musste auch dringend ein Ende haben.

Das Ende der Geschichte

Unsere Eltern nahmen uns wieder auf. Inzwischen hatte Humperdinck die Oper fertig und es kam Geld ins Haus – und so konnten wir ein neues Leben beginnen. Ich habe aber nie mehr in meinem Leben unbekümmert gegessen. Manchmal wachte ich nachts schreiend auf. Wenn aber Gretel da war, die mich tröstete, war alles wieder gut. Unsere Stiefmutter blieb eine Stiefmutter; ich liebte sie nicht und erwartete auch nichts von ihr.

Aber meinen Vater habe ich hinfort in einem anderen Licht gesehen. Er war ein Angsthase, dachte mehr an sich und sein Wohlergehen als an uns. Wie ich darauf kam? Nun, eines Tages verplapperte er sich und sagte, dass er kein einziges Mal im Wald nach uns Ausschau gehalten hatte. Er hatte uns vielleicht vermisst, er hatte aber Angst vor dem Gekeife seiner Frau, unserer Stiefmutter. Und ich stellte mir vor, wie ihm der Schreck in die Glieder gefahren war, als er uns wieder vor seinem Haus sah.

PS: Gretel und ich haben dieser Tage die Oper von Engelbert Humperdinck über uns gehört. Ist richtig gut.

TJA, FRAU HEXE. ICH WÜRDE SAGEN, EIN ERNSTER FALL VON ESS-STÖRUNG. DA HILFT KEIN MÄSTEN IM STALL, DA HILFT NUR EINE FAMILIEN-THERAPIE. WÄREN SIE DAZU BEREIT?
BUTZ

Sterntaler

Sterntaler

Ich bin wirklich ein armes Ding. Manche sagen hinter meinem Rücken: ein armes Schwein! Seit Jahren lebe ich allein, meine Familie ist tot, und ich muss mich durchschlagen, so gut ich kann. Ich erbettle mir hier ein bisschen Essen, da eine halbe Stunde, in der ich auf einem Stuhl in einer warmen Küche sitzen kann und hin und wieder einen Krümel zugeschoben kriege.

Ich lebe von Almosen und muss sehen, dass ich über die Runden komme. Ich sollte in eine kleinere Bude umziehen, fand aber keine Bleibe. Und man kontrollierte, ob ich etwa schwarz arbeite, ich fand aber überhaupt keine Arbeit. Mit einem Wort: Manche haben alles, eine Stelle, Geld, wenigstens ein bisschen. Ich dagegen habe nichts, und im Lotto werde ich auch nicht gewinnen, weil ich das Tippgeld dafür gar nicht habe.

Ich kenne daher keine Scham, auch kleinste Gaben anzunehmen. Ob man mir es zuwirft oder zureicht, das ist egal. Aber manchmal staunt man über die Unverfrorenheit von Menschen, deren Gaben verraten, dass sie eigentlich nur die Mülldeponiegebühren scheuen und deshalb ihren Abfall einfach so als „milde Gabe“ an andere, zum Beispiel an mich, verteilen.

Die Mitarbeiterin von der Obdachlosenhilfe

In diesem Winter war es mir gelungen, einige Teile für Sterntaler beiseite zu legen. Ich hatte mir alle Mühe gegeben, und fand einen eher hässlichen, aber warmen Schal, Gummistiefel, die mir zu groß waren, ihr aber passten, eine dicke Wollmütze, etwas kratzende dunkle Wollstrümpfe, ein Hemdlein und eine dünne Jacke. Für unsere Verhältnisse eine geradezu fürstliche Ausstattung. Ich konnte mich glücklich schätzen, denn ich habe eigentlich auch kein Geld und meine „Kundinnen“ achten durchaus darauf, dass nicht eine etwas mehr oder etwas Besseres bekommt.

Es sprach sich schnell herum, dass ich angeblich das große Los für Sterntaler gefunden hatte. Nicht schön, aber warm – und schon kamen sie heran, wie die Fliegen, die unser Sterntaler umschwirrten.

Es dauerte auch nicht lang, da wollten einige von ihnen ihr was abhandeln. Noch während sie mit flehenden Augen in der Kleiderkammer standen, steckte jemand, den ich noch nie gesehen hatte, einen Knust Brot in Sterntalers Hand. Ein Kind, das dies gesehen hatte, bekam Schweißperlen auf die Stirn: „Mir ist so elend von Hunger, lass mich bitte ein Stückchen abbeißen.“ Sterntaler gab ihr das ganze Stück. Und es dauerte keine Stunde, da hatte sie alles, was ich für sie gefunden hatte, wieder weiter gegeben – und stand nun da im kurzem Hemd und sonst gar nichts.

Sterntaler

Es half ja nichts, ich musste wieder raus in die Kälte. Und es dauerte nicht lange, da deuteten die ersten Passanten mit ihren Zeigefingern auf mich. Ja, ich war fast nackt. Nein, ich hatte nichts zum Wechseln. Ja, ich hatte keine Unterkunft. Nein, ich konnte in kein Café gehen. Ich hatte nämlich kein Geld, nicht einen Cent.

„Warum gehst du nicht zur Kleiderkammer?" Die Frau, die mir diese Frage stellte, sah mich missbilligend an. „So kannst du nicht gehen, das ist nicht schicklich!" Meine Antwort, dass ich dort gerade herkam, wartete sie gar nicht erst ab.

Was hätte die Frau wohl gesagt, wenn man ihr erklärt hätte, dass in der Welt viele Menschen vor Armut völlig bloß und nackt gehen. Sie gab mir ein kleines Geldstück, erwartete eine Dankeshymne und verschwand umgehend.

Als es dunkel wurde und nur der Mond mit seiner blassen Sichel ein wenig Licht gab, war es schon bitterkalt. Das Hemd war völlig ungeeignet, mich gegen diese Kälte zu schützen. Dennoch lief ich rot an, als eine verfroren aussehende Frauensperson auf mich zu hastete und mich bat, ihr doch das Hemd zu überlassen. Jetzt fing ich an, nach Schicklichkeit zu fragen.

„Ich kann doch nicht mit blankem Po hier herumlaufen", sagte ich. „Warum denn nicht, niemand sieht dich und bis morgen fällt dir sicherlich etwas ein." „Ich möchte aber nicht mit blankem Popo hier herumlaufen", erwiderte ich. „Warum denn nicht, du hast doch einen hübschen Po!" „Das ist aber gefährlich." „Wer behauptet denn so was?"

Manchmal ärgert es mich schon, wenn die Menschen mich nicht ernst nehmen. Aber ich fürchte, ich bin es selber schuld. Ich muss mich ja nicht bis aufs Hemd entblößen.

Es dauerte nicht lange, da hatte sie mich weich gekocht. Ich gab ihr mein Hemdchen. Ich schämte mich fast zu Tode, und wenn ein Zweiglein irgendwo brach oder irgendetwas raschelte, flüchtete ich. Ich überlegte gerade, mich in dem Brombeergebüsch zu verstecken, als sich der Himmel mit dicken Regentropfen öffnete: Na klar, das war ja auch zu erwarten gewesen. Wenn das mal keine Erkältung gibt! Es goss wie aus Eimern und bei mir dauerte es nur eine kurze Zeit, bis mein verfrorener Körper reagierte. Alle hatten sich ins Trockene geflüchtet und mich allein gelassen.

Ich gelangte zu einem einsam gelegenen Haus, dessen Türen unverschlossen waren. Ich huschte geschwind hinein und versuchte die Küche zu finden, denn ich hatte furchtbaren Hunger. Ich durchsuchte Schrank für Schrank nach etwas Essbarem, fand aber nicht das kleineste Krümelchen.

Plötzlich hörte ich aus der Ferne eine angenehme Stimme: „Sterntaler, Sterntaler, hörst du mich? Du musst tun, was ich dir sage, dann wird alles gut.“ Ich sollte die Arme emporstrecken und vor die Tür treten, als würde bei dem Hundewetter irgendwas gut werden können.

Noch bevor ich begreifen konnte, was da geschah, ging es los. Ein feines, weißes, langes Linnenhemd glitt über meinen Kopf. Ich brauchte es nur am Saum zusammenzuschlagen und hochzuhalten – wie mir die Stimme befahl – und im Nu war es voller silberner Taler!

Ich stand da wie vom Donner gerührt und versuchte, das Geschehene zu verstehen. Jahrelang hatte ich mit Anstand und Würde gelebt und gehungert – und nun auf einmal fiel mir das Silber direkt in den Schoß...

Ich erzählte niemandem von dem Geschehen, weil mir kaum jemand glauben würde, ich hätte die Taler ohne jede Gegenleistung erhalten. Ich hatte auch keine Lust, einem Vertreter der Sitte oder einem Amtsarzt zu erklären, auf welche Weise ich nachts im Dunkeln an das viele Geld gekommen war. Ich wusste, dass ich als armes Ding die doppelte Überzeugungskraft würde aufbringen müssen, um meine Geschichte irgendwie als glaubhaft erscheinen zu lassen.

Inzwischen haben Viele Hilfe von mir bekommen. Beim Verteilen der Taler muss ich allerdings aufpassen, dass mich meine Gutmütigkeit nicht wieder in Verlegenheiten bringt. Ich kann schließlich nicht einfach mit nacktem Po durch die Lande laufen, was immer andere Mädchen an der Stelle auch wagen.

Reiche Mädchen können aus Übermut halb nackig zu einer Party gehen – man muss sich nur mal die Kapriolen von allen möglichen Pophäschen und Fußballgespielinnen vor Augen führen, bei denen kein Mensch sich richtig aufregt. Im Vergleich dazu bin ich so was wie eine Anstandsdame!

Eine Zeitlang habe ich noch vor Verlegenheit gestottert, wenn mich jemand ansprach, weil ich nicht sicher war, ob man mich in meinem durchsichtigen Hemd gesehen hatte, als ich Klamotten shoppen ging, um wieder wie ein anständiges Mädchen auszusehen. Aber dann sagte ich mir: Wenn man ein bisschen was auf der Nadel hat, sich anständig benimmt und seine Mitmenschen mit Freundlichkeit begegnet, dann kann auch ein blanker Po keinen Schaden anrichten.

Davon bin ich inzwischen selbst zutiefst überzeugt. Fragen muss man sich allerdings, warum man sich bis auf die Haut ausziehen muss, um an Geld zu kommen.

MIST! ICH HÄTTE MIR DEN BETRAG DOCH BESSER IN EINZELNEN TALERN AUSZAHLEN LASSEN SOLLEN.
5000 kg
STERNSILBER
999
BUTZ

Der Hase und der Igel

Eine Zeitzeugin: die Enkelin

Ich bin die Enkelin des Mannes, der bekannt wurde als „Mein Name ist Hase". So stellte er sich gerne selber vor. Und wenn er sich wegdrehte, dann jubelte einer mit Sicherheit: „...und weiß von nichts". Das hat ihn schon geärgert, aber dann passierten andere wichtige Dinge und er vergaß den kleinen dummen Scherz. Er hatte davon geträumt, sich vorstellen zu dürfen wie Sean Connery: „Mein Name ist Bond" – große Kunstpause – „James Bond!", und alle würden ihn bewundern. Er bestand darauf, dass man ihn Herrn Hase nannte, er wollte Respekt und Anerkennung. Die meisten in der Stadt taten ihm den Gefallen. Einige allerdings machten das so übertrieben, dass es einer Verspottung gleich kam.

Damals hatte jemand die Idee, in der Grafschaft jedes Jahr einen Wettbewerb zwischen den Gewerbetreibenden, den Gesangsvereinen, den Sportvereinen und den Schulen zu veranstalten. Die Sieger sollten in einem Festakt geehrt werden und würden so hohes gesellschaftliches Ansehen genießen.

Natürlich gewann mein Großvater jedes Mal, weil Hasen nun mal schnell sind. So konnte er sich Prestige und Respekt verschaffen, was ihm sehr wichtig war. Am nächsten Tag standen dann ein Bild und sein Name in der Zeitung – und zwar nicht im Sportteil, sondern auf der Titelseite!

Herr Hase

Viele glauben, sie könnten sich über meinen Namen lustig machen. Ich bin nun mal ein Hase, das muss ich zugeben: Ich mümmele, ich habe vorstehende Zähne, ich esse gern Möhren, ich habe große Klopferfüße. Und über meine Ohren brauch ich nichts weiter zu sagen, das sind nun mal Hasenohren.

Ich stand eigentlich immer im Schatten anderer und musste aufpassen, dass sie mich nicht an den Ohren zerrten. Als dann vor vielen Jahren der Rat der Stadt beschloss, an den Meisterschaften der Grafschaft teilzunehmen, brauchten sie jemanden, der siegen konnte. Da wurde ich plötzlich wahrgenommen. Zum ersten Wett-Treffen kamen alle Vereine und Verbände. Die Ratsmitglieder hatten ihr feines Wams angezogen, der Männergesangverein sang seine Lieder, die Frauen tratschten und klatschten, aßen Kuchen und zerrissen sich das Maul. Die Männer tranken Korn, um sich aufzuwärmen für das, was kommen würde. Mit einem Wort: Die Stimmung war prächtig.

Frau Hase

Irgendjemand hatte damals die Idee, Wettlaufen und Sackhüpfen zu spielen, um unsere Stadt bekannter zu machen. Und raten Sie einmal, wer den Schlusslauf gewonnen hat: natürlich mein Mann. Und plötzlich waren wir wer. Mein Mann wurde zum abendlichen

Stammtisch eingeladen, ich zum Kaffeeklatsch. Man grüßte uns, lud uns zu Beratungen über die Entwicklung der Stadt ein. Damit unsere neuen Freunde sehen konnten, dass wir sie respektierten, zogen wir uns zurück aus unserem alten Bekanntenkreis, der uns aber nie eine große Hilfe gewesen war.

Mein Mann führte Gespräche mit den wichtigsten Bürgern der Stadt, ob sie seine Kandidatur zum Stadtrat unterstützen würden. Keiner riet ihm direkt oder indirekt davon ab. So sah er sich schon mit Amtskette und feinem Tuch die Ehrbezeugungen entgegennehmen. Er überredete mich, meine Garderobe auf die neue Aufgabe abzustimmen. Ich brauche nicht zu sparen, wir würden das alles wieder rein bekommen. Er achtete sorgfältig darauf, mit wem er gesehen wurde und arbeitete systematisch an seinem Image – wie ein richtiger Politiker.

Der Igel, mit dem wir jahrelang Tür an Tür gelebt hatten, hatte zunächst gar nichts zu bieten. Er konnte nirgendwo etwas Sinnvolles zum Wohle unserer Stadt beitragen. Er war halb blind, langsam, konnte nicht singen, war in keiner berühmten Gilde. Er war ein eher armes Würstchen, führte aber immer das große Wort und machte sich über meinen Mann lustig. Doch kaum zu glauben: Dadurch wurden überhaupt erst die auf ihn aufmerksam, denen mein zielstrebiger Mann ein Dorn im Auge war. Sie ermutigten den Igel zu seinen Lästereien und sorgten dafür, dass diese sich auch herumsprachen. So gewann dann auch der Igel an Einfluss und Gewicht und wurde ein richtiger Politiker der ganz anderen Art.

Mein Mann dagegen tat immer so, als ob ihn das nicht weiter berührte. Aber dann hat er doch gelitten, wenn der Igel – inzwischen sein politisches Gegenüber – sein Mundwerk nicht halten konnte.

Mein Mann arbeitete damals ja als Eintreiber von nicht bezahlten Steuern und Rechnungen – als Gerichtsvollzieher. Es war ihm eine Ehre, alles zu wissen und sich auf sein Wissen zu verlassen. Nie hatte er bei einem Falschen etwas eingetrieben, das nicht des Staates war. Wie sonst hätte er, ein ehrbarer Staatsbeamter, mit reinem Gewissen seine Pflicht tun können, wenn er nicht zu hundert Prozent davon überzeugt sein konnte, die Dinge geprüft, gegengeprüft und als gesetzlich in Ordnung befunden zu haben? Er kannte die Institutionen, denen er diente und die auch für ihn zuständig waren und glaubte an sie.

Die Enkelin

Mein Großvater hatte leider wenig Humor. Er galt als etwas verknöchert, als ein Mann, der zu spät geheiratet hatte, wenn auch ein Garant der Ordnung und eine Stütze der Gesellschaft in unserer Stadt. Man warf ihm sogar vor, er sei dünkelhaft und nicht an seinen Mitmenschen interessiert. Was zum Teil wohl auch stimmte. Er wollte zum Beispiel, dass andere ihn zuerst grüßten und grämte sich, wenn jemand ihm nachrief: „Mein Name ist Hase." Er bestand darauf, dass man ihn mit seinem vollen Titel „Großer Sieger im Wettlaufen und Sackhüpfen" anredete. Seine Siegerbilder standen blumengeschmückt im großen Eingangsflur des Hauses. Viele fanden, dass er ein wenig übertrieb, ließen ihn aber letztlich gewähren.

Gerade die Jüngeren aber hatten keine Lust, ihn zu umschmeicheln. Lange ungelenke Beine, hängende Ohren, schüttere Barthaare und ein mümmelnder Mund: So sieht kein echter Siegertyp aus

Wenn er am Samstagabend nach der Sportschau im grauen Paletot über den Marktplatz zu seiner Stammkneipe stelzte, dann prusteten die Herumstehenden in ihre Taschentücher: „Da kommt der Sieger im Wettlaufen und Sackhüpfen." Mein Großvater zog dann die Braue seines rechten Auges hoch, nahm eine Prise Tabak, die er mit nahezu ballettartigen Bewegungen zur Nase führte, räusperte sich, zog die Uhr aus der Tasche, betrachtete die Zeiger und sagte laut und hörbar: „Wieso Kinder und Bettnässer um diese Zeit noch hier stehen, statt in ihrem Heia-Bettchen zu schlafen, versteh ich nicht. Im Übrigen: Jeder der will, kann gegen mich antreten. Ich werde jeden Kampf annehmen und mit Gottes Hilfe gewinnen. Es kommt nicht auf das Ansehen, es kommt auf die Leistung an." Freunde hat er sich damit leider nicht gemacht.

Mein Großvater war also nicht sehr beliebt. Das sah man auch daran, dass niemand ihn frühzeitig vor der Heimtücke des Igels warnte. Bei den jährlich stattfindenden Laufwettbewerben war der Igel, der mit niemandem engere Freundschaft pflegte, vergeblich auf der Suche nach einem gewesen, mit dem er wetten konnte. Alle hatten schon herausgefunden, dass mein Großvater ein bisschen großzügig bei seinen Wetteinsätzen gegen den Igel war. Er wollte zeigen, dass er an sich glaubte und den Sieg samt Gewinn schon mit nach Hause nehmen werde. Hasen sind nun mal schneller als Igel.

Auch in diesem Jahr stolzierte Großvater vor den Zuschauern auf und ab, lächelte hier, grüßte da und bekam nicht mit, dass der Igel mit seiner Frau, der Igelin, mehrere Male den Parcours abschritt. Und so bekam er auch nicht mit, dass die Igelin flinker als man glauben sollte von Gruppe zu Gruppe lief und dafür warb, die Wetten gegen diesen Herrn Hase laufen zu lassen. Das würde ein Riesenspaß sein, wenn am Ende herauskäme, der Igel habe den Hasen auf den Arm genommen - und dieser habe es nicht einmal gemerkt.

Mein Großvater erwartete einen schönen Abend, hoffte auf laue Luft, auf das später stattfindende Festessen und auf die Wetten, die ihn als Sieger setzen würden.

Alle lachten sich voller Vorfreude ins Fäustchen, achteten aber auch darauf, dass Großvater kein Wörtchen von der Finte mit bekam, schließlich wollte niemand, dass dieses Volksfest platzte. Ihm wurde daher zugeraunt, er würde als Sieger dort stehen, er solle nur dabei bleiben.

Mein Großvater ahnte also nichts Böses, wusste auch nichts von den anderslautenden Wetten und ging voller Siegesgewissheit an den Start: Er war nun mal schneller als der Igel.

Und dann ging's los. Der Hase raste mit fliegenden Löffeln, sich auf seine Beine verlassend, in geradem Lauf davon. Er sah sich vorn, glaubte auch den Jubel der Zuschauer zu hören, die ihn mit „Hase – Hase"-Rufen anfeuerten. Diese Runde geht wieder mal an mich, dachte er mit einer Prise Selbstlob – ich bin einfach der Beste. Die Menge raste tatsächlich und schrie. Aber nicht mehr „Hase – Hase", sondern: „Igel – Igel!"

Mein Opa blieb stehen, wie von geheimnisvoller Hand gestoppt und versuchte zu verstehen, was da geschehen war. Er klappte seine Ohren ein und aus, und bohrte im Gehör, um besser verstehen zu können. Er kreiselte hektisch, um alle Rufe verstehen zu können, und als er sie verstand, raste er los, um der Menge zu beweisen, dass sie sich im Irrtum befand. Er würde der Sieger sein.

Er lief mehr als zwanzig Runden, meine verzweifelte Oma immer mit dem Versuch dabei, ihn zu stoppen. Doch er hörte auf nichts und niemanden mehr, ja er boxte sogar gegen meine Oma, auf dass sie ihn in Ruhe gewinnen ließe. Ich glaube, er konnte sich einfach nicht vorstellen, dass jemand ein krummes Ding gedreht hatte und dass die beiden Igels ein ganz gemeines politisches Spielchen mit ihm spielten...

Über den Festplatz war die Abenddämmerung und ein Angst machendes Schweigen gefallen. Alle Geräusche hörten sich an wie durch eine Bettdecke gedämpft. Nur noch das Keuchen meines Opas war zu hören. Unsere Mutter und wir Kinder weinten vor Angst und Aufregung. Unsere Oma schrie. Aber niemand konnte ihn bremsen. Auf den Igel achtete keiner und fragte, wieso er plötzlich so viel schneller laufen konnte als sonst. Mein Opa hatte es sich mit seiner Eitelkeit und seiner kleinen Angeberei bei den Leuten verscherzt, die nun gar mehr nicht wissen wollten, welches Spiel Herr und Frau Igel da gespielt hatten.

Ja, und dann kam der schreckliche Moment: Mein Opa stolperte, trudelte, versuchte sich zu fangen aber flog wie eine Kanonenkugel durch die Luft in den Wassertümpel, wo er schreiend unterging und lange nicht wieder auftauchte. Die Stadtältesten zogen ihn heraus, versuchten, ihn wieder zu beleben und riefen ihn zum Sieger aus. Doch dazu war es zu spät. Denn unser Opa war tot, gefallen auf dem Feld der Eitelkeiten.

Mit den Igels wollte dann aber niemand mehr gesellschaftlichen Umgang pflegen. Sie galten nun als Parvenüs, denn sie hatten in der Tat ein politisches Schurkenstück gespielt: Herr und Frau Igel waren nicht einen Schritt gelaufen, hatten damit aber die politische Karriere meines Opas vernichtet.

Später ließ unsere Oma seine langen Schlackerohren auf allen Bildern von Opa retuschieren. Und mit beharrlicher Zähigkeit kürzte sie den Namen „Hase“ in „H.“ in allen Unterlagen, Bildern und Berichten, die schlecht über meinen Großvater berichteten. Sie ging wie ein Detektiv vor, um herauszufinden, warum Opa verloren hatte. Wie sich herausstellte, waren die Igels überhaupt nicht gelaufen; sie hatten sich nur in die Furche gedrückt – Herr Igel am Start, Frau Igel am Ende der Rennstrecke. Oma begann einen heiligen Krieg gegen das politische Establishment, das die Ereignisse nicht verhindert und den Igel wegen unsportlichen Verhaltens ausgeschlossen hatte.

Dann aber konnte sie doch noch erleben, wie die Festwiese in „Hasenwiese“ umgetauft wurde – allerdings erst nach langer Diskussion und teils üblen Angriffen auf die Befürworter.

Das Fest aber fiel für immer aus. Statt „Wettlaufen“ hieß es nun „Biersaufen“. Damit war aber wenigstens der Friede wieder eingekehrt in die Wohnungen, Häuser und Stallungen. Aber wir alle spürten den Riss, der durch unsere Gemeinde ging. Wir haben nie mehr so schöne Feste gefeiert wie damals, als es noch Mann gegen Mann ging. Der Igel aber wurde aus der Gemeinschaft ausgegrenzt und verlor seine soziale Stellung, die er sich zusammen mit einer Verbündeten, seiner Frau, mit üblen Mitteln ergattert hatte. Wie heißt es im Sprichwort? Man liebt den Verrat, aber nicht den Verräter.

INSIDER SAHEN SCHON LANGE DAS TRAGISCHE ENDE DER TROIKA IGEL-HASE-IGEL KOMMEN!

Die Bremer Stadtmusikanten

Zeitzeugen: vier Musiker

Wir hatten uns das alles ganz einfach vorgestellt: Wir machen Musik bei den Stadtfeierlichkeiten und dafür bekommen wir was zu essen und zu trinken und einen warmen Platz im Stall. Doch dann standen wir da, struppig von Hunger und Regen, mit knurrendem Magen und mussten uns das Gekeife der Katze anhören. Die ist so biestig, dass man ihr mal wieder den Hals umdrehen möchte. Aber man muss zugeben: Sie hat Recht. Wir hatten geglaubt, die Männer seien mittlerweile alle frauenfreundlich. Das aber war ganz und gar nicht der Fall gewesen.

Jetzt wollt ihr natürlich wissen, wo wir sind, wer wir sind und warum die Katze so viel Macht über uns hat – und wie sich alles zugetragen hat. Ganz einfach: Wir leben in Bremen und machen Musik, ein Esel, ein Hahn, ein Hund und – eine Katze! Die aber ist eine Frau – und Frauen haben in Bremen bei der „Schaffer-Mahlzeit" nichts zu suchen.

Der Esel

Wir hatten uns das so vorgestellt: Wir ziehen unseren Auftritt durch, nehmen ein Bad in der kalten Weser – ein schnelles nur, natürlich; eigentlich eine Katzenwäsche – und dann gehen wir so unauffällig wie möglich im Strom der Schwarzfräcke hinein ins Rathaus zum Festmahl.

Die Herren, in deren Schutz wir ins Rathaus ziehen wollten, unterhielten sich angeregt und ziemlich laut. Es klang nicht so toll, was wir da mitbekamen. Auch das Essen gehörte offenbar nicht zu den Glanzlichtern des Abends, wohl aber das Trinken. Ihr könnt es glauben oder nicht, aber immer da, wo gesellschaftliche Ereignisse ohne Frauen stattfinden, ist das Essen mies, aber die Biergläser sind groß. Frauen reden mehr miteinander und vergessen das Trinken.

Das ist natürlich nicht nur in Bremen so, sondern überall auf der Welt. Wir hatten nur vergessen, uns darüber Gedanken zu machen. Kein Wunder also, dass auch in Bremen die Herren der Schöpfung den Abend inniglichst herbeisehnten, denn es sollten viele Geschichten erzählt werden – und das Bier würde in Strömen fließen.

Mir lief auch schon das Wasser im Mund zusammen. Ich freute mich auf die anstehenden Ereignisse, bis ich das Gesicht der Katze sah. Der Hund hatte sich schon zurückgezogen und schüttelte stumm den Kopf. Er hatte keine Lust, sich eine Katzenpfote einzufangen. Der Hahn, sonst immer an der Spitze der Hitzköpfe und Großmäuler, schwieg beredt. Alle erwarteten offenbar von mir, der Katze einerseits beizupulen, dass sie nicht mit uns in den Festsaal durfte, sie aber andererseits im Team zu halten, ihr Sopran ist innerhalb unseres Quartetts einfach unerreicht. Das treibt die Gagen in die Höhe und sie hatte schließlich gerade erst den Löwenanteil der Unterhaltskosten unseres Häuschens übernommen. Ohne die Hilfe der wohlhabenden Katze würden wir gar nichts erreichen – im Gegenteil.

Ich robbte mich vorsichtig an sie heran. Ich bin zwar ein Esel, aber ich bin nicht dämlich. Dass sie vor Zorn kochte, konnte ich gleich erkennen. „Komm doch einfach ein bisschen später, wenn alle drinnen und die Kontrollen weniger scharf sind." „So", sagte sie spitz, „und was mache ich, wenn ich drinnen bin?" „Na, dann hast du einen schönen, kalorienreichen Abend." Da aber wurde ihre Stimme schrill, gefährlich schrill. Ihr Kommentar war eigentlich gar nicht zu verstehen, aber einige der Schwarzfräcke drehten sich zu uns um, sahen die Katze und schrien entsetzt auf: „Da ist ja ein Weib!"

Schiet, da hatten wir den Kladderadatsch. Saaldiener eilten herbei, packten uns und setzten uns an die frische Luft, wo sie uns mit einem kalten Weserbad bedrohten. Die Katze, eigentlich eine gesetzte, ältere Dame, schrie, dass sie an diesem Abend schon genug kaltes Wasser für ein Jahr genossen hätte. Und drohte, sie habe ein fantastisches Gedächtnis: „Man trifft sich immer zweimal im Leben!"

Der Hund

Wir hatten an diesem Abend die Nase voll. An einen Zutritt zur Veranstaltung, die übrigens, wie man uns später erzählte, mehr als langweilig gewesen sei, war nicht mehr zu denken. Wir waren nun mal nicht die Zierde der bremischen Gesellschaft. Unsere armen Eltern hatten Bremen ohnehin noch nie gesehen, und die Katze hatte mit ihrem Auftritt auch keine neuen Freunde gewonnen. Ich als alter und vertrauenswürdiger Hund sollte die Gemüter wieder beruhigen und vor allem die Katze aus dem Verkehr ziehen. Kennt ihr Katzen? Dann versucht mal, eine Katze ruhig aus dem Verkehr zu ziehen. Weiber!

Wir zogen betrübt von dannen, hin zu unserem kleinen Häuschen. Irgendwie kamen wir uns so elend vor, wie schon lange nicht mehr. Eigentlich hatte uns diese Gesellschaft noch nie gut behandelt. Wir waren alt und klapperig und kosteten nur Geld. In unserer bescheidenen Herberge konnten wir unser Leben aber so gestalten, wie wir wollten.

Also sagten wir der Katze – und dies nicht nur zu ihrem Trost –, dass sie uns vor einer großen gesellschaftlichen Niederlage bewahrt habe. Dass sie die klügste Frau auf Erden sei. Dass wir nie mehr von ihr verlangen würden, mit uns zur Schaffer-Mahlzeit zu gehen. Und dass wir froh waren, sie bei uns zu haben!

Der Hahn

Es wurde dann doch noch ein schöner Abend in unserem Häuschen, schöner als alle Mahlzeiten zusammen. Und wir wurden danach nie mehr von unserer Herrschaft ausgebeutet und von den grünen Hügeln verjagt. Wir brauchten nicht mehr zu schuften, bis die Gelenke knackten. Wir mussten uns nicht irgendwelchen überkommenen Ritualen unterwerfen und hatten mächtig Spaß. Wir sind uns einig: Unser Leben ist richtig gut und selbstbestimmt. Und zu Veranstaltungen, bei denen Frauen nicht dabei sein dürfen, wollen wir sowieso nicht mehr.

NOCH IM HOHEN ALTER GINGEN DIE BREMER STADTMUSIKANTEN AKTIV GEGEN RÄUBERBANDEN VOR. ZULETZT BRACHTEN SIE IM NOVEMBER 1976 DAS FLUCHTFAHRZEUG DER POSTRÄUBER VON DELMENHORST AUF DER B75 VON DER FAHRBAHN AB.

Danksagung

Es gilt, Dank zu sagen für dieses Märchenbuch:

Insbesondere Steffen Butz für seine wunderbaren Illustrationen – wenn auch meine Nase ein wenig spitzig geraten ist.

Dann aber vor allem Corina Kruse-Roth für ihre einfühlsame und sorgfältige Redaktionsarbeit, ebenso wie dem Team im Lutherischen Verlagshaus, das mit großer Geduld immer an der richtigen Stelle war, wenn der Topf mal wieder überkochte.

Meinen Schwestern Barbara Böttcher und Dodo Steinhardt danke ich für kritische Nachfragen und Anregungen.

Vorangehender Dank gilt den – hoffentlich vielen – (Vor-) Leserinnen und Lesern, die dieses Buch genossen haben – und sich auch haben anregen lassen.

Zum Schluss geht mein Dank an Udo, meinen Mann, der als Mitglied des Vereins zur Rettung der deutschen Sprache sich mit besonderer Lust auf Texte wirft, um sprachliche Störungen zu beseitigen. Da geht es dann um jedes Wort, das verteidigt oder rausgeworfen werden muss. Aber ich muss gestehen: Er hatte oft Recht.

Heide Simonis

Bettelheim, Bruno: Kinder brauchen Märchen, München: dtv 1999.

Brüder Grimm: Kinder- und Hausmärchen. Erstausgabe 1812, München: Winkler Verlag 1949.

Budzinski, Klaus & Rainer Hachfeld: Marx und Maoritz. Eine Bubengeschichte in sieben Streichen nach Wilhelm Busch für Erwachsene umfunktioniert, Bern, München, Wien: Rütten + Loening Verlag 1969.

Dickerhoff, Heinrich: Trau deiner Sehnsucht mehr als deiner Verzweiflung. Märchen zum Leben, Mainz: Matthias Grunewald Verlag 2007.

Drewermann, Eugen: Der Wolf und die sieben Geißlein, der Wolf und der Fuchs. Grimms Märchen tiefenpsychologisch gedeutet, Düsseldorf: Walter Verlag 2000.

Fetscher, Iring: Wer hat Dornröschen wachgeküßt? Das Märchen-Verwirrbuch, Frankfurt a. M.: Fischer Taschenbuch Verlag 1992.

Grimms Märchen. Vollständige Ausgabe. Mit Illustrationen von Otto Ubbelohde, Köln: Anaconda Verlag 2009.

Jellouschek, Hans: Vom Fischer und seiner Frau. Wie man besser mit Wünschen seiner Frau umgeht, Stuttgart: Kreuz Verlag 2006.

Kast, Verona: Liebe im Märchen, Düsseldorf: Patmos Verlag 2006.

Kraft, Maria: Märchenhaft und mörderisch. Ehealltag im Märchen, Göttingen: Vandenhoeck & Ruprecht 2010.

Riedel, Ingrid: Tabu im Märchen. Die Rache der eingesperrten Natur, München: dtv 1996.

Rölleke, Heinz: Es war einmal. Die wahren Märchen der Brüder Grimm, Frankfurt a.M.: Eichborn 2011.

Tatar, Maria: Von Blaubärten und Rotkäppchen. Grimms grimmige Märchen psychoanalytisch gedeutet, München: Wilhelm Heyne Verlag 1995.

Heide Simonis wurde am 4. Juli 1943 in Bonn als älteste von drei Töchtern geboren. Nach dem Abitur in Bayern studierte sie Volkswirtschaft und Soziologie in Erlangen, Nürnberg und Kiel und schloss das Studium 1967 als Diplom-Volkswirtin ab. Im selben Jahr heiratete sie Prof. Udo Ernst Simonis. 1967/68 arbeitete sie als Lektorin für Deutsch in Sambia. 1969 trat sie in die SPD ein. Gemeinsam mit ihrem Mann lebte Heide Simonis von 1970 bis 1972 in Japan, war dort Tutorin für Deutsch am Goethe-Institut in Tokio.
Ihre politische Laufbahn: Von 1972 bis 1976 war sie Mitglied der Kieler Ratsversammlung; von 1976 bis 1992 Abgeordnete im Deutschen Bundestag; zuletzt im Fraktionsvorstand und als Fraktionssprecherin im Haushaltsausschuss; 1992 wurde sie Mitglied des Schleswig-Holsteinischen Landtages. Im Jahr 1988 wurde Heide Simonis zur schleswig-holsteinischen Finanzministerin ernannt. Von Mai 1993 bis April 2005 war sie Ministerpräsidentin von Schleswig-Holstein und damit die erste Frau in einem solchen Amt in der Bundesrepublik Deutschland.
Von 2005 bis 2008 war Heide Simonis ehrenamtliche Vorsitzende von UNICEF Deutschland; sie widmete sich vor allem dem Projekt „Schulen für Afrika". Seither engagiert sie sich für verschiedene soziale Projekte auf Landesebene, u.a. als Präsidentin des Schleswig-Holsteinischen Sängerbundes.

Steffen Butz wurde am 14. Januar 1964 in Frankenthal/Pfalz geboren, wuchs in Ludwigshafen auf. Das Zeichnen ist bereits im Kindergarten seine große Leidenschaft. Von 1984 bis 1986 leistete er Zivildienst in einem evangelischen Jugendzentrum, anschließend studierte er bis 1990 Kunstgeschichte, Klassische Archäologie und Soziologie in Marburg, ab 1991 bis 1995 Grafik-Design in Mannheim.
Nach ersten Cartoon-Veröffentlichungen im Stern, später auch in Journal für die Frau, in der Tageszeitung Die Rheinpfalz und im Börsenblatt für den Deutschen Buchhandel, erscheint 1994 das erste Buch mit Bärencartoons, weitere Bücher folgen, darunter auch ein Kinderbuch gemeinsam mit Matthias Sodtke.
Seine Bilder waren in zahlreichen Ausstellungen zu sehen. 2008 gewann Steffen Butz den Ersten Preis bei dem mit 5000 Euro dotierten Stuttgart Award 2008. Neben seinen Buchveröffentlichungen und Cartoon-Postkarten illustriert er für unterschiedliche Sachbuchverlage Kalender, Kochbücher und Kundenmagazine.
Steffen Butz ist seit 2000 verheiratet und lebt mit Frau, Sohn und Tochter in Karlsruhe, wo er auch sein Atelier hat.